Henk Stoorvogel & Eugène Poppe

Geboren um zu fliegen

Über die Autoren

Henk Stoorvogel, Jahrgang 1977, ist Pfarrer in Zwolle, Niederlande, in einer der größten Gemeinden des Landes. Er ist Gründer von *Athletes in Action* (Niederlande) sowie der Männerbewegung *Der 4te Musketier.* Stoorvogel ist ein gefragter Redner auf Männertagen und Konferenzen. Er ist verheiratet mit Ruth und Vater von drei Kindern.

Eugène Poppe, Jahrgang 1951, arbeitete jahrelang bei *Agape International* in den Niederlanden, einem Schwesterwerk von *Campus für Christus*. Heute berät er als Coach Menschen in kirchlichen Leitungsaufgaben und begleitet Gemeinden bei Veränderungsprozessen. Seit fast 40 Jahren ist er mit Ineke verheiratet. Sie haben drei erwachsene Kinder.

Henk Stoorvogel & Eugène Poppe

Geboren um zu fliegen

Kraftvoll. Majestätisch. Himmelwärts.
Inspiration für ein Leben mit Aufwind.

Aus dem Niederländischen von Karl Hilse

GerthMedien

Inhalt

Vorwort

Der Adler ist der König der Lüfte. Seit Menschengedenken regt dieser imposante Vogel die Fantasie des Menschen an. Ihm werden viele königliche Eigenschaften zugeordnet: Stärke, Tapferkeit und Scharfsinn. Und seine Größe mit einer Spannweite bis zu drei Meter, sein scharfer Blick und sein majestätisch anmutender Flug machen ihn in jeder Hinsicht zu einer beeindruckenden Erscheinung am weißblauen Himmel. Dass der Adler über die Jahrhunderte vielfach als starkes Symbol zu finden ist, ist wenig verwunderlich. Der Weißkopfseeadler beispielsweise ist der Wappenvogel der Vereinigten Staaten von Amerika, Indianer schmücken bis heute ihr Haupt mit Adlerfedern und der Aquila (lateinisch: Adler) prunkte auf den Standarten der römischen Legionen wie auch auf denen der Regimenter Napoleon Bonapartes.

Stilisierte Bildnisse des Adlers finden sich heute in den Wappen verschiedenster Länder wie Deutschland, Albanien, Mexiko, Polen, Serbien und Russland. Sein Name steht für ein Sternbild, eine Mondfähre, Kometen, Züge, Autos, Traktoren und Mopeds. Außerdem spielt der König der Lüfte in zahllosen Geschichten, Sagen, Legenden, ja selbst in Liedern und Volksmärchen, oftmals eine zentrale Rolle. In der Literatur, beispielsweise im Buch „Der Herr der Ringe", lässt J. R. R. Tolkien den Adler als Retter erscheinen, während sein Autorenkumpan C. S. Lewis ihm in den „Chroniken von Narnia" eine observierende Aufgabe zuschreibt. Überall stoßen wir in unserer Umwelt auf den Adler als Symbol oder Figur – selbst in der weltberühmten Muppet-Show, wo er als gewichtiger Moralapostel über die Rechtschaffenheit der Darbietungen wacht. Sein fokussierter Blick, seine enorme Spannweite wie auch seine Federpracht werden bis heute für Bilder und Vergleiche herangezogen, um Wichtiges zu verdeutlichen.

Der Adler ist auch der am häufigsten genannte Vogel in der Bibel. Dort wird er immer wieder erwähnt als ein Symbol für imponierende Schlagkraft und Macht. Männer wie Moses, Jesaja, Hesekiel und Johannes nutzten den Adler, um an ihm tiefe geistliche Wahrheiten deutlich zu machen. Sie schilderten, wie schnell er im Sturzflug werden kann, bewunderten seinen anmutigen Flug, während er sich im Aufwind befindet, berichteten von der treuen Fürsorge um seine Jungen und von imposanten Greifattacken sowie seinem eindrucksvollen Schweben am Himmel. Der Prophet Hesekiel und die Offenbarung vergleichen sogar das Wesen Gottes und sein überwältigendes Erscheinen mit einem Adler.

Wir haben uns entschieden, ein geistliches Buch über den Adler zu schreiben, weil er einfach ein solch imposanter und faszinierender Vogel ist, vor allem aber weil wir glauben, dass am Bild des Adlers vieles greifbar wird für das Leben als Christ. Wir hoffen daher, dass dieses Buch dir helfen wird, deinem Leben mit Gott auf kraftvolle Weise weiter Form und Inhalt zu geben, dass du neu das Kraftvolle und Majestätische in deiner Beziehung zum Vater im Himmel entdeckst!

Henk und Eugène

Einleitung

Die Bibel enthält mehr als 25 Texte, in denen der Adler genannt wird. Auf verschiedenste Art werden Bezüge zum Leben der Menschen geschaffen, die mit Gott unterwegs sind. In zwölf Kapiteln wenden wir das Bild und die Eigenschaften des Adlers auf das Leben in der Nachfolge an, um uns unsere Bestimmung und Berufung aus Gottes Sicht neu oder vielleicht zum allerersten Mal vor Augen zu führen.

Nach einer Geschichte, die von einem Adler erzählt, der das Fliegen verlernt hat, und Beispielen, wie unser Leben aussehen kann, wenn wir dem gleichtun, beschäftigen wir uns in Kapitel 2 mit dem unglaublichen Sehvermögen des Adlers und seiner Vorliebe für die Sonne.

Der griechischen Antike zufolge ist der Adler das einzige Tier, das direkt in die Sonne blicken kann. Auch im Leben als Christ spielt das Licht eine zentrale Rolle – wenn wir von der Sonne der Gerechtigkeit und vom Vater des Lichts lesen. Die eigene Bestimmung zu finden, hat wesentlich damit zu tun, in dieses herrliche Licht zu schauen.

In Kapitel 3 bleiben wir noch bei dem Sehvermögen des Adlers, dann aber fokussiert auf die Erde. Wir behandeln die Frage, wie es gelingt, die eigene gottgegebene Berufung zu entdecken und zu entwickeln. Adler können dreimal schärfer und viermal weiter als Menschen sehen. Dem Adler gelingt es, während er fliegt, nicht nur die Sonne, sondern auch die Erde im Blick zu behalten. Insofern gilt es auch für uns, diesen Fokus zu wahren, denn unsere Bestimmung liegt bei Gott, aber unsere Berufung findet sich auf Erden.

In Kapitel 4 und 5 konzentrieren wir uns auf die Flügel des Adlers. Sie sind geschaffen, um den Vogel endlos weit schweben zu lassen. Um als Mensch seine Bestimmung und Berufung zu finden, sind vor allem zwei Dinge (Flügel) wichtig: Kompetenz und Charakter. Man muss bestimmte Dinge können (Kompetenz) und über bestimmte Eigenschaften verfügen (Charakter). Beide Flügel müssen gleich stark entwickelt sein. Jemand, der über große Kompetenz verfügt, aber einen schwachen Charakter hat, wird hochmütig und arrogant. Und jemand, dessen Charakter ausgeprägt ist, dem es aber an Kompetenz mangelt, wird verkrampft. Wie also kann man beide Flügel derart entwickeln, dass sie sich in einem guten Gleichgewicht befinden?

Im Kapitel 6 sprechen wir über den Schwanz des Adlers. Er hilft dem Adler beim Abbremsen und dient seiner Balance und Flugkorrektur. Auf der Reise durch unser Leben sind auch wir angewiesen auf Balance und Korrektur: Personen oder Bücher, denen wir das Recht zugestehen, uns zu korrigieren und zu beraten.

Wie ein Adler fliegen lernt, erfahren wir in Kapitel 7. Und wir fragen danach, wie sich das auf unser Leben anwenden lässt: Wie kann man gut starten? Was sind Hindernisse? Worauf kann man sich verlassen?

In Kapitel 8 setzen wir uns mit der ausgefeilten Flugtechnik des Adlers auseinander. Ein Adler ist ständig auf der Suche nach neuem Aufwind, der durch Sonne erwärmten Luft, um möglichst lange schweben zu können. Aufwind im übertragenen Sinne eines Lebens als Christ ist das Werk des Heiligen Geistes. Wie lässt sich dieses Wirken erkennen? Wie das eigene Leben mit dem Heiligen Geist gestalten? Um diese und weitere Aspekte der Führung durch den Heiligen Geist geht es in diesem Kapitel.

Wie der Adler sein Federkleid erneuert, ist faszinierend. Über die Dauer eines Jahres erneuert er sein gesamtes Federkleid. Einfach so – über siebentausend prächtige Adlerfedern. Der Adler unterliegt damit einem kontinuierlichen Veränderungsprozess. Wie aber können wir so leben, dass wir uns ständig erneuern und wachsen? In Kapitel 9 beschäftigen wir uns ausführlich damit.

Dass ein Adler immer besser fliegt, je älter er wird, erfahren wir in Kapitel 10. Erfahrung zählt einfach! Auch im Leben als Christ. Als Autoren dieses Buches befinden wir uns in sehr unterschiedlichen Lebensphasen: Eugène, Jahrgang 1951, hat bereits einen ganzen Schatz an Lebenserfahrung, von dem bereits viele Kirchen und Menschen profitieren durften. Henk, Jahrgang 1977, hat auch schon viele Erfahrungen gemacht, nur gibt es doch Dinge, die wir Menschen einfach erst im Laufe der Jahre lernen. In diesem Kapitel gehen wir daher auf den großartigen Schatz ein, den die Gemeinschaft von älteren und jüngeren Generationen in sich trägt.

In Kapitel 11 beschäftigen wir uns mit der Treue. Adler leben nämlich monogam. Solange sein Partner lebt, wird er es bei dem einen belassen. Treue ist eine der schönsten Eigenschaften, die ein Mensch haben kann. Auch für Gott ist Treue enorm wichtig. Mittlerweile leben wir in einer Gesellschaft, die Untreue akzeptiert. Ist ein Auftrag zu schwierig, eine Kirche zu alt- bzw. neumodisch oder ein Partner zu langweilig, ist für viele der Schritt hin zu einer Trennung plausibel. An dieser Stelle hält uns Aquila, „der Adler", einen Spiegel vor.

Das Schlusskapitel des Buches widmen wir dem letzten Kapitel unseres menschlichen Daseins: dem Sterben. Es geht um das Geheimnis, gut aus dieser Welt zu scheiden. Denn die Art, wie man stirbt, macht auch für die Hinterbliebenen einen großen Unterschied. Der Adler stirbt, während er von seinem Felsen oder Baum zur Sonne schaut. Sterben wir mit der Sicht auf Jesus? Auch wenn in unserer Gesellschaft oft vermieden wird, über dieses Thema zu sprechen, erleichtert es enorm, wenn man sich Gedanken über den eigenen Tod gemacht und sich vorbereitet hat.

Zusätzlich werden wir in gesonderten Kästen Wissenswertes über den Adler, das zutreffend für das jeweilige Kapitel ist, schildern.

Die Idee, das Bild des Adlers auf das geistliche Leben anzuwenden, stammt von Eugène. Der eigentliche Schreiber des Textes ist

Henk. Jedes Kapitel haben wir aber gemeinsam entwickelt. Wenn wir Beispiele aus unserem persönlichen Leben gebrauchen, machen wir dies durch die Nennung des Vornamens des Betreffenden deutlich.

Prolog

Der Adler, der nicht fliegen wollte

Es war einmal ein Adlerküken, das in seinem Nest saß, über das während einer dunklen Herbstnacht ein gewaltiger Sturm hereinbrach. Der Sturm war so heftig, dass es aus seinem Nest geblasen wurde und in die Tiefe hinabfiel. Verzweifelt flatterte das Adlerküken mit seinen kleinen Flügeln, in der Hoffnung den Sturz noch etwas abfangen zu können. Doch es schlug unsanft auf den Boden auf und blieb benommen liegen, während der Sturm weiter wütete.

Am nächsten Morgen kam der Sturm zum Erliegen. Die Luft war klar und rein. Ein Junge von ungefähr sieben Jahren war auf dem Weg von seinem Bauernhof zum Markt im Dorf. Er pfiff ein heiteres Liedchen vor sich hin, als er plötzlich gleich neben sich ein Häufchen Daunenfedern im Gras bemerkte. Aufgeregt und erschrocken sah er, dass es ein Adlerküken war. Ein echter Adler! Zwar mehr tot als lebendig, aber doch: ein Adler!

Er nahm den verwundeten Adler in seine Hände und lief so schnell er konnte zurück zum Bauernhof. Dort versorgte er die Wunden des Adlers. Der kleine Adler schien stark und würde es wohl überleben, aber er hatte Pflege nötig. Aus Mangel an Besserem brachte der Junge den Adler in den Stall zu den Hühnern. So hatte dieser auf jeden Fall Gesellschaft.

Schnell kam der Adler wieder zu Kräften und fand es herrlich bei den Hühnern. So lange war er allein gewesen, immer nur in einem Nest, hoch oben in den Bergen. Der Adler fing an mit den Hühnern zu spielen, dass es die reinste Freude war. Er lernte zu picken, zu scharren und mit seinen kräftigen gelben Zehen eine Kuhle in die Erde zu graben, um bequem darin zu liegen. Irgendwann gab er sogar eine Art gackerndes Geräusch von sich, um mitzufeiern, wenn eins der Hühner wieder mal ein Ei gelegt hatte. Der Adler verhielt sich wie ein Huhn.

***

Der Junge aber hatte die wahre Natur des Adlers nicht vergessen. Nach einer Weile nahm er den Jungadler aus dem Hühnerstall und brachte ihn auf den Hof. „Flieg!", rief er dem Adler zu. Der Adler aber machte keine Anstalten zu fliegen. Im Gegenteil. Er stolzierte keck herum, als wäre er ein Huhn. Nach vielen verzweifelten Versuchen steckte der Junge den Adler wieder in den Hühnerstall.

Ein paar Monate später versuchte es der Junge erneut. Nun kletterte er jedoch mit dem größer gewordenen Adler auf das Dach der Scheune. Aber der Adler bewegte nicht einmal seine Flügel. Unverrichteter Dinge kletterte der Junge herunter und steckte den Adler wieder zu den Hühnern, wo der Greif sein Hühnerspiel schnell wieder aufnahm.

Es dauerte ungefähr ein Jahr, bis der Junge einen erneuten Versuch mit dem ausgewachsenen Adler unternahm. Er nahm den riesigen Vogel auf seinen Arm und kletterte mit ihm auf einen Berg. Es war ein hoher Berg und der Aufstieg war schwer, aber schließlich erreichten sie den Gipfel. Dort befand sich ein Felsplateau. Nun müsste der Adler doch endlich fliegen. Aber es geschah nichts – bis der Junge sich irgendwann mit dem Adler auf dem Arm umdrehte, sodass der Adler zufällig direkt in die Sonne blickte. Da stieß der Adler einen Schrei aus, rang sich los, schlug ein paar Mal mit seinen mächtigen Flügeln und glitt weg, der Sonne entgegen. Er flog höher und höher, bis er eins wurde mit dem endlosen Blau des Himmels.

1

Geboren um zu fliegen

Werde, der du bist!

„So spricht Gott der Herr: Ein großer Adler
mit großen Flügeln und langen Fittichen und
vollen Schwingen, die bunt waren, kam auf den Libanon
und nahm hinweg den Wipfel einer Zeder."
Hesekiel 17,3

Mit seinen mächtigen Schwingen gilt er als der König der Lüfte: der Adler.

Seit Jahrhunderten, von Generation zu Generation, und in verschiedenen Varianten wird die afrikanische Erzählung *„Der Adler, der nicht fliegen wollte"* des Lehrers und Missionars James Aggrey erzählt. Doch die Moral der Geschichte ist über die Zeit erhalten geblieben und offensichtlich: Der Adler ist, im Gegensatz zu den Hühnern, geboren um zu fliegen. Solange aber der Adler denkt, er sei ein Huhn, wird er nicht zu seiner Bestimmung finden. Nie wird er das sensationelle Gefühl erleben, das zu tun, wozu er geschaffen wurde, solange er sich zufriedengibt mit einem Leben, das nur aus Graben, Spielen und dem Imitieren von Gegacker besteht.

Du bist der Adler! Und in diesem Buch geht es darum, herauszufinden und dem zu folgen, wofür du bestimmt bist. Du wurdest für etwas Großes geschaffen! Zwar lebst du dein Leben hier auf der Erde als Mensch unter den Menschen, aber die hinter deinem Leben steckende Wahrheit ist größer. Der Apostel Johannes bringt es im ersten Kapitel seines Evangeliums auf den Punkt:

„Sie wurden dies [Gottes Kinder] weder durch ihre Abstammung noch durch menschliches Bemühen oder Absicht, sondern dieses neue Leben kommt von Gott." Johannes 1,13

Als Christ hast du eine andere Herkunft. Du hast ein neues Leben empfangen. Dieses Leben hat seinen Ursprung im Vater des Himmels. Damit ist deine Abstammung nicht mehr menschlich, sondern göttlich. Oder anders gesagt: Du bist kein Huhn! Du bist ein Adler!

Du wurdest nicht erschaffen, um möglichst viele Scheinchen, auf denen „Euro" prankt, zu sammeln. Du wurdest nicht erschaffen, um ein noch schöneres Haus oder ein noch größeres Auto oder einen noch spannenderen Urlaub zu haben als deine Nachbarn. Du wurdest erschaffen für etwas von unendlicher Reinheit, Schönheit und Intensität. Der Apostel Paulus offenbart uns in seinem Brief an die Gemeinde in Ephesus die schwindelerregende

Wahrheit über unsere wahre Natur, wenn wir unser Leben Jesus anvertraut haben:

„Durch Christus habt ihr jedoch etwas anderes kennengelernt, wenn ihr ihm zugehört habt und die Wahrheit kennt, die in ihm ist."
„Als neue Menschen, geschaffen nach dem Ebenbild Gottes und zur Gerechtigkeit, Heiligkeit und Wahrheit berufen, sollt ihr auch ein neues Wesen annehmen." Epheser 4,21+24

Wir dürfen nach dem Maßstab des neuen Menschen, den Gott in uns angelegt hat, unser Leben führen und gestalten. Dies ist ein Prozess, der durch das Wort „annehmen" ausgedrückt wird. Und das Wesentliche, zu dem wir berufen sind, besteht in Gerechtigkeit, Heiligkeit und Wahrheit.

Gerechtigkeit bedeutet, dass du bestrebt bist, Gutes zu tun und dich nach dem Guten auszustrecken. Heiligkeit bedeutet, dass du einer vollkommen anderen Ordnung angehörst, dass du dein Leben in den Kategorien eines anderen Wertesystems führst. Und genau das ist Gottes Wille – darum geht es: dass du ein anderes Leben führst als jenes, das du überall um dich herum siehst. Ein Leben, das durchsetzt ist von Gottes Güte und Reinheit und umgeben ist mit einem geheimnisvollen Glanz. Oder um im Bild zu bleiben: Picke nicht länger launisch herum wie ein Huhn, sondern fang endlich an, wie ein Adler zu schweben, anmutig und erhaben.

Es ist viel Zeit vergangen und ich bin erwachsen

Die eigene und wahre Bestimmung zu finden, ist ein Prozess, den man nicht erzwingen kann. Du kannst ihn auch nicht forcieren. Selbstverständlich hast du auch einen eigenen Beitrag zu leisten, nur ist es so, dass eine Bestimmung dir auch geschenkt werden muss – sie muss dir zufallen. Ein Beispiel:

Carly Fiorina war die erste Frau, die eine der größten und einflussreichsten Firmen der USA als geschäftsführendes Vorstandsmitglied (CEO) vertrat. Sechs Jahre lang war sie der Kopf von Hewlett Packard, eines der sogenannten „Fortune 20"-Unternehmen – dem Wirtschaftsblatt „Fortune" zufolge die tonangebenden und bedeutendsten Firmen der Vereinigten Staaten von Amerika. Das Magazin verlieh Carly Fiorina zudem den Titel „einflussreichste Geschäftsfrau".

In ihren Memoiren *„Mit harten Bandagen"* schreibt Carly Fiorina, wie sie damals als angehende Studentin versuchte, Anerkennung von ihren Eltern zu bekommen. Ihre Mutter konnte gut malen, ihr Vater hingegen hielt viel von Recht und Bildung. Da Carly künstlerisch nicht so begabt war wie ihre Mutter, trat sie in die Fußstapfen ihres Vaters. Sie beschloss Jura zu studieren. Sie dachte, das würde ihre Mutter zufriedenstellen und ihren Vater unglaublich froh machen. Von da an arbeitete sie ungewöhnlich hart und gab jeden Tag ihr Bestes. Aber mit der Zeit forderte ihre Gesundheit den Tribut für diesen Lebensstil. Sie litt immer öfter an Kopfschmerzen und vermisste es, Dinge einfach mal für sich selbst machen zu können. Irgendwann besuchte sie ein Wochenende lang ihre Eltern.

An diesem Sonntagmorgen fühlte sie sich wegen ihres Studiums und ihrer Zukunftsaussichten wieder einmal elend. Sie nahm eine Dusche und bekam währenddessen eine Eingebung. In ihrer Biografie schreibt sie:

„Ich sehe noch die Kachel vor mir, auf die ich während des Duschens starrte, und ich erinnere mich, wie ich in diesem Moment keinen blassen Schimmer mehr hatte, warum ich eigentlich Jura studierte. In diesem Moment, mit 22 Jahren, wurde mir zum ersten Mal klar, dass sich mein Leben nicht darum zu drehen hatte, bloß meine Eltern zufriedenzustellen.

Wenn ich alle meine Fähigkeiten und Gaben einsetzen wollte, wenn ich etwas aus meinem Leben machen wollte, dann müsste ich etwas finden, was meinen Verstand herausfordern und mein Herz erwärmen würde. Mir wurde auf einmal klar: Mein Leben gehörte mir. Ich konnte tun, was ich wollte. Meine Kopfschmerzen ver-

schwanden. Ich trat aus der Dusche und bereitete mich darauf vor, meine Eltern zu enttäuschen.“

Carly Fiorina wurde an jenem Morgen in der Dusche mit 22 Jahren bewusst: Es ist viel Zeit vergangen und ich bin erwachsen! Wenn es je an der Zeit war, um an meinen größten Träumen und tiefsten Sehnsüchten zu arbeiten, dann jetzt!

Ihr Jurastudium war für sie der Hühnerstall. Sie hatte versucht, sich damit zufriedenzugeben und ihren Eltern zu gefallen. Doch dann kam der Augenblick, in dem sie merkte: Da gibt es mehr! Was sie in diesem Moment noch nicht wusste: Sie war dazu bestimmt, einen Betrieb mit Zehntausenden Angestellten in einem komplexen innovativen Markt zu führen. Sie fühlte da nur etwas. Nämlich, dass sie geboren war, um zu fliegen.

Den Augenblick, als sie dies für sich erkannte, beschreibt Carly Fiorina als eine Epiphanie – eine Offenbarung von Gott selbst. Und wir sind uns sicher: Als Christ brauchst du hin und wieder eine solche Eingebung. Dass dir plötzlich bewusst wird, wie es tatsächlich um dein Leben und deine Situation bestellt ist. Denn hast du erst einmal die Wirklichkeit, die über deinem Leben steht, erkannt, kannst du daraus neue und radikale Schritte der Erneuerung und Veränderung unternehmen.

Vergessen zu fliegen

Echte Veränderung beginnt damit, Wirklichkeiten zu erkennen. Wenn du angesichts der Wahrheit einer Sachlage ehrlich zu dir selbst wirst. Um an diesen Punkt zu gelangen, brauchst du allerdings Gottes Hilfe, denn unser Leben ist ein feinmaschiges und verworrenes Spiel verschiedenster Einflüsse. Durch diesen Lebenswirrwarr zu seiner wahren Bestimmung vorzudringen, ist daher leichter gesagt als getan. Es gibt genügend Einflüsse und besonders listige Versuchungen, die dich vom Erkennen der Wirklichkeit und deiner Bestimmung abhalten wollen. Vieles, mit dem wir tagtäglich konfrontiert sind, versucht uns bildlich gesprochen zu betäuben und die Luft zum Atmen zu nehmen, und zwar so, dass man Sein und Schein nur schwer unterscheiden kann. Der Mystiker Thomas Feverel Merton (1915–1968) schreibt in seiner Autobiografie dazu:

„Wir leben in einer Gesellschaft, die gänzlich darauf ausgerichtet ist, jeden Nerv des menschlichen Körpers zu reizen und auf dem höchsten Grad künstlicher Spannung zu halten. In unserer Gesellschaft wird jede menschliche Begierde bis aufs Äußerste angesprochen und ausgereizt, und es werden so viele neue Begierden und künstliche Leidenschaften wie möglich ins Leben gerufen, um diese mit den Produkten unserer Fabriken, Druckerpressen, Filmstudios und den übrigen zu bedienen."

Mir (Henk) erscheinen diese Worte als unglaublich wahr. Sie sprechen etwas Wichtiges an, so als ob man mal kurz über den eigenen Alltag emporgehoben wird und aus dieser „Vogelperspektive" einmal sehen darf, was da eigentlich passiert. Alles um uns herum buhlt um unsere Aufmerksamkeit, erhebt Anspruch auf unsere Loyalität und zwingt uns oftmals in die straffe Zwangsjacke, ein Leben zu führen, das gar nicht das unsere ist. Und oft sind es die an sich nicht verkehrten Dinge, die uns aber doch vollkommen austricksen und uns vom wirklichen Leben fernhalten. Ein paar Beispiele:

Ist Fernsehen verkehrt? – Nein. Aber überleg doch einmal, wie oft du dich in der Woche abends vom Sofa Richtung Bett bewegst – unerfüllt. Der Fernsehabend, womöglich durch die Kanäle gezappt, erfrischt dich nicht für den neuen Tag. Musik zu hören oder einige Seiten aus einem Buch zu lesen dagegen schon. Probiere es doch einmal aus!

Ist Alkohol zu genießen, in Maßen, verkehrt? – Nein. „Aber", so verriet mir ein Freund, „das anfangs kleine bisschen Alkohol wurde im Laufe der Zeit immer ein wenig mehr und sorgte letztlich dafür, dass ich später als meine Frau zu Bett ging, wodurch unsere

Gespräche am Abend immer mehr abnahmen." Er fasste daraufhin einen radikalen Entschluss und beschloss, ein Jahr lang keinen Alkohol mehr zu trinken. Und die Beziehung zu seiner Frau gewann neu an Tiefe.

Paulus rät:

„Hasst alles Böse und stellt euch auf die Seite des Guten." Römer 12,9

Und weiter:

„Ich möchte, dass ihr das Gute klar erkennt und euch von allem Bösen fernhaltet." Römer 16,19

Es geht um zwei wichtige Verhaltensweisen. Die erste lautet: Geh keinen schlechten Dingen nach, beschäftige dich erst gar nicht damit und setz dich auch nicht ihrem Einfluss aus! Doch selbst wenn du schlechte Einflüsse und Dinge meidest, kannst du dennoch das Gute verpassen. Nämlich dann wenn du in Trägheit, in einer energielosen, kraftlosen Sattheit, versinkst, die dich gefangen nimmt und betäubt. Deswegen ist es so wichtig, dass wir uns darum kümmern, das Gegenteil des Schlechten, also das Gute, in unserem Leben zu kultivieren und zu pflegen.

Sein Herz nach dem Guten auszurichten ist daher die zweite wichtige Verhaltensweise. Kümmere dich darum, wie du guten Einflüssen, dem Reinen und Aufbauenden, das dir Kraft verleiht, einen Platz in deinem Leben geben kannst. Öffne deinen Geist, deine Seele und deinen Körper dafür!

Susannah Wesley, die Mutter des berühmten Erweckungspredigers John Wesley, gab ihm einmal folgende Definition von Sünde mit:

„Was dein Denken schwächt, die Empfindsamkeit deines Gewissens antastet, dein Verständnis von Gott verfinstert und dir die Lust an geistigen Dingen raubt – das ist für dich Sünde."

Sünde, das Verfehlen von Gottes gestecktem Ziel für uns und unser Leben, umfasst nach dieser Definition nicht nur das Negative, sondern auch das mangelnde Dasein an Positivem. Oder um es anhand unserer Adlergeschichte vor Augen zu führen: Für den Adler ist es ist nicht nur Sünde ein Huhn zu sein, es ist ebenso Sünde kein Adler zu sein.

Demnach hätten die folgenden Verse des italienischen Dichters und Philosophen Dante Alighieri (1265–1321) auch in der Geschichte über den Adler und das Huhn ihren Platz haben können:

„Aber du vergaßt deine Flügel auszubreiten.
Eine junge Frau, eine Anzahl flüchtiger
Genüsse hielten dich von mir fern.“

Ein junger Mann. Eine junge Frau. Oder was auch immer … Täglich treiben uns unzählige Reize, Genüsse und Späße um, flüchtige, vergängliche, aufmerksamkeitsfordernde. Sie sind Ausdruck und Tragik von zu viel Leben, da sie uns oft von unserer Bestimmung ablenken, wenn nicht gar fernhalten. Sie lassen uns das wahre Leben versäumen, für das wir erschaffen wurden. Wir sind zu beschäftigt, zu abgelenkt, manchmal vielleicht einfach zu müde durch zahllose an sich nicht verkehrte Vergnügungen und Beschäftigungen, dass wir einfach etwas ganz Wichtiges vergessen: zu fliegen.

2

Sich ausrichten auf das, was oben ist

Lebe mit dem Fokus auf Gott!

„Wie ein Adler fliegt er gen Himmel ...“
Sprüche 23,5

Seinen Blick hat der Adler stets auf den Himmel ausgerichtet.

Von alters her wird dem Adler eine besondere Verbundenheit mit dem Göttlichen und Himmlischen zugesprochen. Das ist nicht verwunderlich, denn schließlich fliegt der Adler hoch oben am Himmel und blickt dabei konsequent zur Sonne.

In der römischen Mythologie ist der Adler das Attribut von Jupiter, dem obersten Gott und Gott des Himmels. Und für die Indianer Nordamerikas ist der Adler das Tier, welches in Verbindung mit dem „Großen Geist" steht. Einer alten Indianerlegende zufolge besaß der Adler anfangs nur ein bescheidenes Sehvermögen. Bekannt für eine ausgezeichnete Sehstärke war vielmehr die Schnecke. Weil der Adler aber am Himmel fliegen konnte, bat ihn ein Häuptling, ob er ihm und dem Stamm von der Höhe aus als Beobachtungsposten dienen könnte. Der Adler ging daraufhin zur Schnecke, die er davon überzeugen konnte, mit ihm für eine kurze Zeit die Augen zu tauschen. Als er dann seinen Beobachtungsposten eingenommen hatte, weigerte sich der Adler jedoch, der Schnecke die Augen zurückzugeben. So kam es der indianischen Legende nach dazu, dass der Adler so gute Augen hat und die Schnecke sich so langsam fortbewegt, da sie ja nun vorsichtiger zu sein hatte, wohin sie kroch.

Dass ein Adler ausgezeichnete Augen hat, ist eine Tatsache. Sein Sehvermögen reicht dreimal schärfer und viermal weiter als das des Menschen. Und dass er die Neigung hat, in die Sonne zu starren, fasziniert uns zusätzlich.

Der englische Forscher Sir Isaac Newton experimentierte einst mit dem Gedanken, in die Sonne zu schauen, und blickte über einen Spiegel gelenkt für einige Sekunden in die pralle Sonne. Sie war so stark, dass sich die Helligkeit in seine Netzhaut brannte und in seinem Augenlicht einen schwarzen Fleck hinterließ. Erst nach etwa vier Tagen war sein Sehvermögen wiederhergestellt. Hätte er einige Sekunden länger in die Sonne geschaut, wäre er wohl für immer erblindet.

Dass die Sonne die Augen des Adlers verstärkt, aber die unseren verwundet, wusste bereits Kirchenvater Augustinus. Doch mittlerweile ist die Wissenschaft längst zu der Erkenntnis gelangt, dass auch Adler nicht direkt in die Sonne blicken können. Sie richten allerdings oft ihren Kopf Richtung Sonne, so als würden sie angezogen von dem gleißenden Licht, der Wärme und des Glanzes dieses Himmelskörpers – wie von einer unwiderstehlichen Macht. Daraus entsteht für uns der Eindruck, dass Adler auf der Erde nur wie im Exil leben und ihr echtes Zuhause hoch oben am Himmel, in der Nähe der Sonne, haben. Sie leben also mit den Füßen auf der Erde, aber mit ihrem Kopf sind sie himmelwärts ausgerichtet.

Auf Jesus zu sehen, ist wie nach Hause kommen

Das ist auch deine Bestimmung – dein Denken auf den Himmel auszurichten und mit den Füßen geerdet in dieser Welt zu stehen. Es gibt einen Platz, wo du wohnst und dein Leben gestaltest, und einen, wo du hingehörst, wo dein Zuhause ist. Und dieses Zuhause ist bei Gott. Zu ihm darfst du kommen. Jederzeit! Und zurückkehren. Immer!

Ken Blanchard, Bestsellerautor und amerikanischer Unternehmer, erzählte einmal die Geschichte einer jungen Familie, die gerade ein Baby bekommen hatte:

„Mit ihrem Babybruder wollte das Geschwisterchen, die vier Jahre alte Schia, gerne einmal allein sein. Darum bat die Vierjährige ihre Eltern, mit ihm im Schlafzimmer ohne die Eltern sein zu dürfen. Die Eltern wussten erst nicht, wie sie darauf reagieren sollten. Schließlich kann eine Vierjährige Eifersuchtsanfälle entwickeln oder das Neugeborene unvorsichtig behandeln. Aber da von Eifersucht keine Spur zu erkennen war, vertrauten die Eltern darauf, dass Schia ihren Bruder gut behandeln würde. Aufgeregt lief Schia ins Schlafzimmer und schloss die Tür hinter sich. Die Eltern öffneten jedoch die Türe wieder ein wenig, sodass sie mitverfolgen konnten, was geschah. Schia lief zu ihrem Brüderchen, bog sich über es und fragte es: ‚Baby, kannst du mir bitte erzählen, wie Gott noch mal ist? Ich fange an, es zu vergessen.‘"

Ich (Henk) kenne die Frage von Schia. Meine beiden Töchter, Manoa und Emma, schauten so intensiv und rein aus ihren Augen, nachdem sie gerade geboren waren, dass ich sie verdächtigte, direkt aus dem Himmel zu kommen. Vielleicht kennst du den Moment, wenn Babys in die Gesichter ihrer Eltern blicken und dann völlig unerklärlich anfangen zu strahlen. Zeigen sich ihnen etwa in so einem Augenblick heimlich Engel?

Wie dem auch sei, wir haben alle Erfahrungen gemacht, die irgendwie mit einer Wahrheit in Verbindung stehen, die tiefer geht als unser Leben hier auf Erden. Doch leider verlieren wir oft und allmählich den Kontakt zu den tieferen Wahrheiten unseres Lebens. Wir versanden in einem Leben, das gefüllt ist mit Oberflächlichkeit, weil wir die Tiefe noch mehr fürchten als die Langeweile. Aber wenn wir dem Ruf unseres Herzens folgen und auf die Suche nach Gott gehen, dann ist jede Begegnung mit Jesus wie ein Nachhausekommen.

Das entspricht übrigens auch im Wesentlichen der Bedeutung des Wortes Religion. Religion stammt von dem lateinischen Wort *religiare* ab, was „verbinden" oder „neu in Kontakt kommen mit" bedeutet. Religiös zu sein bedeutet in diesem Sinne nichts anderes als „wieder in Kontakt zu stehen mit Gott".

Nach oben schauen

So wie der Adler gen Himmel fliegt und seinen Fokus auf das ausrichtet, was oben ist, so werden auch wir als Christen aufgerufen und aufgefordert, unseren Fokus bewusst vom Irdischen auf das Himmlische zu lenken. Die Worte von Paulus klingen entsprechend kraftvoll:

„[...] *sucht, was droben ist, wo Christus ist, sitzend zur Rechten Gottes. Trachtet nach dem, was droben ist, nicht nach dem, was auf Erden ist.*"
Kolosser 3,1–2 (LÜ)

Beschäftige dich mit den Dingen, die oben sind! Richte dein Herz, deine Gedanken, ja, dein ganzes Leben aus auf die Realität des herrschenden Jesus im Himmel. Paulus sagt es zur Sicherheit nicht einmal, sondern zweimal: Schau nach oben! Da liegt deine Bestimmung! Im Himmel liegt die Wahrheit verborgen, die von entscheidender Bedeutung für dein Leben hier auf der Erde ist.

Natürlich sind wir geneigt dazu, unsere Aufmerksamkeit auf die Erde zu richten. Wir schauen uns Menschen an, wir schauen uns die Statussymbole dieser Welt an, wir sehen die Maßstäbe für Erfolg um uns herum und versuchen, unser Leben so einzurichten, dass wir nach menschlichen Maßstäben Erfolg haben. Weder geht es darum, was andere Menschen finden, noch was der Status quo ist. Menschen, die Jesus nachfolgen, haben einen anderen Bezugsrahmen. Es geht nicht darum, was *man* findet, oder das, was hier auf Erden zu haben ist. Gottes Realität schenkt eine ganz andere Wirklichkeit. Um sie aber in Augenschein nehmen zu können, ist es nötig, die bisherige Perspektive am Boden zu verlassen und Richtung Himmel aufzusteigen wie der Adler, um mit Scharfsicht die himmlische Wirklichkeit zu erforschen.

Johannes, der Lieblingsjünger von Jesus, wird aufgrund seiner Zeit auf Patmos, wo er sein apokalyptisches Meisterwerk „*Die Offenbarung*" schrieb, oft mit einem Attribut dargestellt: einem Adler. Er steht als Symbol für den Jünger, um dessen hohe Theologie und seinen Scharfsinn auszudrücken. Denn Johannes wurde unter anderem durch Gott die Gnade und das Vorrecht zuteil, einen Blick in die himmlische Realität zu werfen. Er ist ein Seher. So wie der Adler mit seinem messerscharfen Blick ein Seher ist.

Auch wir sind aufgerufen, den Blick in den Himmel zu werfen, unsere Gedanken und unseren Blick auf die himmlische Wirklichkeit von Jesus zu fokussieren. Das ist nicht wörtlich gemeint. Schließlich sagt die Bibel, dass niemand Gott schauen und am Leben bleiben kann. Unser Sehen der himmlischen Wahrheit geschieht daher auch auf eine andere Weise als die, auf die Johannes einen Einblick in den Himmel bekam. Johannes bekam eine direkte Sicht auf die göttliche Realität geschenkt, eine Offenbarung. Unsere Sicht auf Gott geschieht über Jesus und das Kreuz. Wir wollen es an einem Beispiel verdeutlichen:

Der Berliner Fernsehturm „Alex", eines der Wahrzeichen der deutschen Hauptstadt, wurde erbaut unter dem kommunistischen Führer Walter Ulbricht. Der Turm sollte den kommunistischen Teil Berlins repräsentieren und ein Paradebeispiel sein für das Können der Sowjetunion. Der Turm endet oben in einer großen Kugel aus Stahl und Glas. Immer wenn die Sonne darauf scheint, entsteht dort ein Kreuz – heute wie auch schon damals, was die kommunistischen Parteifunktionäre sehr ärgerte. Sie veranlassten unterschiedliche Behandlungen und Maßnahmen an der Kugel, um zu verhindern, dass dort das Kreuz zu sehen war. Doch jedes Mal wenn die Sonne darauf schien, kam es immer wieder zum Vorschein. Am 12. Juni 1987 erinnerte US-Präsident Ronald Reagan während seiner berühmt gewordenen *Tear down the wall*-Rede vor der Berliner Mauer am Brandenburger Tor an dieses besondere Phänomen:

„*Noch Jahre bevor die Ostdeutschen mit dem Wiederaufbau ihrer Kirchen begannen, errichteten sie ein säkulares Gebäude: den Fernsehturm am Alexanderplatz. Von da an sind die Autoritäten nahezu andauernd damit beschäftigt gewesen, um den in ihren Augen größten Makel des Turms zu beseitigen. Sie ließen die gläserne Kugel auf der Spitze mit Farbe und Chemikalien behandeln. Aber selbst heute noch, jedes Mal wenn die Sonne die Kugel trifft – die Kugel, die über ganz Berlin ragt –, macht das Licht der Sonne das Zeichen eines Kreuzes. Dort drüben in Berlin, genauso wie in dieser Stadt selbst, können die Symbole der Liebe, die Symbole der Anbetung, nicht unterworfen werden.*"

Jedes Mal entsteht ein Kreuz, wenn das Licht der Sonne die Kugel trifft. Und jedes Mal, wenn du deine Augen zum himmlischen

Jesus hin richtest, ist das Erste und Größte, was du siehst, das Kreuz. Dieses Kreuz sorgt, mit seiner Geschichte von Leid und Erlösung, die zwischen Gott und uns Menschen steht, dafür, dass wir nicht verzehrt werden durch die ungeheure herrliche Pracht des Unsichtbaren. Es steht da und hüllt unser Leben in einen schützenden Nebelschleier, der uns einen Blick in die Sonne, in die himmlische Welt Gottes erst ermöglicht. Verlieren wir aber das Kreuz aus den Augen, verlieren wir auch die Sicht auf Gott. Dante Alighieri dichtete treffend:

„Und wie die Sonne, wenn sie aufgesogen
Den Schleier, den der Nebeldunst gewebt,
Sich dann verbirgt durch neue Flammenbogen, …"

Das Kreuz, sein Nebelschleier, beschützt uns gegen die Strahlen einer Herrlichkeit, die zu groß und zu gewaltig für uns Menschen ist, als dass wir sie aushalten könnten. Zugleich offenbart uns der Nebel des Kreuzes Gottes ganzes Wesen: seine aufopfernde, endlose, alles umfassende Liebe.

Ein Symbol voller Tränen, Leiden und Herrlichkeit

Früh am Morgen des dritten Tags nach den Terroranschlägen vom 11. September 2001 in New York arbeitete Frank Silecchia am Massengrab, das einst das stolze World Trade Center gewesen war. In der Dämmerung hatte er gerade drei Leichname geborgen. Während einer kurzen Pause, als er sein Gesicht abwischte, glitten seine Augen durch das Halbdunkel. Plötzlich sah er es stehen, inmitten der rauchenden Trümmer, – ein Kreuz. Ein Teil der Stahlkonstruktion des ersten Gebäudes war gegen „Gebäude sechs" gefallen und hatte dort in dem Durcheinander dies wunderbare, erschütternde, hoffnungsspendende Kreuz hinterlassen.

Das Kreuz von Ground Zero wurde schnell zum Zufluchtsort vieler Hunderter Rettungskräfte, die damit beschäftigt waren, das

Chaos zu beseitigen. Später wurde es zur Anlaufstelle für Tausende New Yorker, Angehörige der Opfer und Touristen.

Dieses Kreuz am Ground Zero in New York führt treffend die Tragik, das Leid und die Grausamkeit des Kreuzes vor Augen. Als Christen tragen wir ein Kreuz gerne als Schmuckstück, als Kette, um unseren Nacken oder platzieren es stolz auf eine Kirche. Aber das Kreuz ist in seinem Kern ein Platz des Todes. Es ist ein Platz der Schmerzen und des endlosen Leidens. Ein Platz des Krepierens und der Verwesung.

An Ground Zero starben circa 2 800 Menschen. Das Kreuz Jesu aber, auf Golgatha, war Ground Zero für die gesamte Menschheit, denn dort starb niemand anderes als Gott selbst, ermordet durch die Hand der Menschen. Dort auf diesem Felsen, in plötzlich auftretender Dunkelheit, begleitet von Blitzen und Unwettern sowie einem gewaltigen Erdbeben, starb Jesus den Tod, mit dem wir alle etwas auf irgendeine Weise zu tun haben. Nicht nur auf eine, wir haben gleich auf mehrere Arten etwas damit zu tun. Wir waren nämlich dabei! Weil es beim Kreuz um uns als Menschen geht. Wir nahmen daran teil. Als Zuschauer. Aber auch als Täter. Unserer Schuld und Sünde wegen.

Aber dasselbe Kreuz des Leidens ist auch ein Ort der Hoffnung, denn es markiert den Punkt in der Weltgeschichte, an dem der größte Sieg aller Zeiten stattgefunden hat: der Sieg über den Tod. Über jenen Tod, der uns Menschen in das ewige Vergessen und die Einsamkeit schicken wollte. Über den Tod, der uns trennen wollte von Gott und dem Leben. Diese Macht des Todes wurde am Kreuz entthront. Am Kreuz wurde der Weg zum Leben gebahnt! Wir als Menschen dürfen Gott wieder schauen. Wir dürfen heimkehren. Ähnlich wie es die Wüstenmutter Amma Synkletika beschreibt:

„Am Anfang kostet es viel Streit und Mühe, um Gott näherzukommen, aber danach herrscht eine unaussprechliche Freude. So wie die, die ein Feuer entfachen, erst mit tränenden Augen im Rauch stehen,

aber nur auf diese Weise erreichen, wonach sie streben, so müssen auch wir das göttliche Feuer in uns durch Tränen und Leiden entzünden."

Erst nach der Bekanntschaft mit dem Ort der Tränen und Leiden, dem Kreuz von Golgatha, wird das göttliche Feuer in uns entzündet und wir dürfen Bekanntschaft machen mit der Herrlichkeit Gottes.

Der göttliche Tausch

Nur, was gibt es denn zu sehen, da am Kreuz? Für den oberflächlichen Betrachter scheint sich nichts anderes darzustellen als das Krepieren eines Mannes. Oder von drei Männern, wenn man die beiden Verbrecher an den Seiten des Mannes in der Mitte mitzählt. Es ist kein schöner Anblick – das ist wahr. Auch wenn man sich vorstellt, wie sie gestöhnt und geröchelt haben. Warum aber ist diese grausame und brutale Szene, dieser eine Moment auf Golgatha vor den Toren Jerusalems, so wichtig, dass sich die komplette Menschheitsgeschichte darum dreht?

Das Kreuz von Golgatha ist deshalb so außergewöhnlich und bedeutend, weil entscheidend ist, wer daran hängt: Jesus. Er als Person verkörperte all das, was wir nicht haben. Er war mutig, er war freundlich, er war stark. Und er war mitfühlend. Aber das sagt noch zu wenig. Denn auch wir sind manchmal mutig und können durchweg freundlich sein. Wenn wir aber sagen, er besaß alles, was wir nicht haben, dann meinen wir damit, dass jede Eigenschaft, die er besaß, einer völlig anderen Größe und Ordnung entsprach als die Eigenschaften, die wir selbst besitzen. Auf den ersten Blick scheint sein Mut dem unseren zu gleichen, aber wenn man genauer hinsieht, dann scheint sein Mut nicht von dieser Welt zu sein. Wir sind vielleicht so mutig, unser Leben für einen Freund oder aus Zivilcourage für eine willkürliche Person zu riskieren. Jesus jedoch hatte den Mut, sich mit seinem Leben willentlich und wissentlich seinen Erzfeinden auszuliefern!

Wir fühlen vielleicht mit und sind zutiefst bewegt, wenn wir durch eine dramatische Fernsehreportage, durch ein Kind, das uns sterbend direkt in die Augen blickt, angerührt werden. Aber Jesus hat alles Leiden und die Tränen aller Menschen, die je gelebt haben, vereint in seinem unermesslichen Leid, da an diesem Platz, an diesen Holzbalken.

Wenn wir die Qualität und das Anderssein der Eigenschaften von Jesus zusammenfassen wollen, dann ist das Wort *Heiligkeit* zu gebrauchen. Jesus war heilig. Nicht im Sinne eines Unschuldsengels. Nicht im Sinne eines zurückhaltenden Friedfertigen, der jeden auf sich rumtrampeln lässt. Nicht im Sinne eines Einsiedlers, der nichts, was die Menschen wirklich berührt, persönlich und nah an sich heranlässt. Jesus gehörte in jeder Hinsicht in eine andere Kategorie. Worte können seine Größe nicht einmal umschreiben. Darum lesen wir von den Schreibern in der Bibel, wie sie oft verzweifelt Vergleich um Vergleich aneinanderreihen, um ein Fitzelchen des besonderen Glanzes Jesu, seiner Herrlichkeit, auszudrücken.

Wir Menschen leben also immer in einer Art Mix: Wir sind mutig und feige, wir sind freundlich und unfreundlich, wir sind liebevoll und egoistisch. Und das Pure und Reine ist so weit von uns entfernt, dass wir oft nicht einmal danach verlangen, weil wir uns einfach die Schönheit und Freude daran nicht vorstellen können. Wenn wir sagen, dass Jesus mutig war, dann meinen wir ausschließlich mutig. Immer mutig. Sein Mut gilt demnach als Gradmesser und Definition von wahrem Mut. Genauso seine Liebe. Sie gilt als Maßstab von wahrer Liebe. Und das, was er hatte – die Heiligkeit –, ist genau das, was wir nötig haben. Er besitzt etwas, das wir oft entbehren. Er hat etwas, was wir brauchen. – Damit wir zu dem werden können, der wir in seinen Augen sind. Und um Gott kennenzulernen. Um zu ihm nach Hause zu kommen. Um unsere Bestimmung zu erreichen. Wir brauchen, was Jesus hat. Und dafür wiederum müssen wir etwas von dem verlieren, was uns ausmacht: Wir haben auf die eine oder andere Weise zu sehen, dass wir unsere Halbherzigkeit loswerden. Wir haben es nötig, dass wir von unserem Egozentrismus befreit werden. Unser Mut darf durch unsere Feigheit nicht kraft- und wertlos werden. Und unsere Gutmütigkeit darf nicht länger durch das Schlechte beschmutzt werden, wodurch sie alles Gute verliert. Kurzum: Es geht darum, dass wir von unseren Sünden loskommen. Und das ist genau das, was am Kreuz passiert. Das Kreuz ist der Ort des unvorstellbaren Austauschs von Gott mit der Menschheit. Wir erscheinen da am Kreuz mit unserer Mischung aus Gutmütigkeit und Schlechtigkeit. Wir stehen davor mit unseren blutbeschmierten Friedensbemühungen. Mit unserer besudelten Reinheit kommen wir dorthin. Und wir schmachten nach einem Hauch von Gott. Weil wir sehnsüchtig sind, nach Hause zu kommen und Gott zu sehen, ein wenig von seiner Herrlichkeit, Reinheit, Liebe und Güte.

Was tut Jesus am Kreuz? Er nimmt unsere Halbherzigkeit, unsere Ohnmacht, unsere Irrungen und unsere Fassungslosigkeit in sich auf, um gleichzeitig das, was er besitzt, uns zuteilwerden zu lassen – seine sich auf alle Gebiete des Lebens erstreckende göttliche Qualität von Leben. Unsere Mischung aus Gutmütigkeit und Schlechtigkeit nimmt er und schenkt uns Heiligkeit. Er stiftet in uns Frieden, wo Feindschaft herrscht. Er verändert unseren Egoismus, indem er uns beschenkt mit seiner vollkommenen Liebe. Er nimmt uns unseren Unglauben und schenkt uns seinen Glauben. Er befreit uns von Blindheit und schenkt uns seine Sicht auf Gott und seine Wahrheiten. Dort, wo Defizite sind, schenkt er uns seinen Überfluss. Er vergibt uns unsere Schuld und offenbart uns neue Wege durch seine Vergebung. Er nimmt unsere Scham wie auch Verletzungen und schenkt uns seine Heilung. Er nimmt unsere Ruhelosigkeit und öffnet uns sein Zuhause.

Das Kreuz ist die Kreuzung, an dem sich die Wahrheiten Gottes mit dem Leben der Menschen kreuzen. Es ist der Ort des Todes Jesu und unseres Lebens. Es ist der Ort des Sieges über den Teufel, die Sünde und den Tod. Darum nimmt das Kreuz die zentrale

Stelle im christlichen Glauben ein. Wenn Christen sich an diesen Platz, an das, was dort auf Golgatha geschehen ist, in Form von Brot und Wein, also des Feierns des Abendmahls, erinnern, dann ist das immer ein Schauen nach oben in den Himmel.

Loslassen

Wie kann man nun stetig höher fliegen und mehr von der göttlichen Wirklichkeit sehen? Wir haben bereits erwähnt, dass sich das bloße Orientieren an Menschen und menschlichen Maßstäben verheerend auswirkt, was das Finden deiner Bestimmung betrifft. *Schau zu Jesus!* Das bedeutet, dass Jesus und das Kreuz einen zentralen Platz in deinem Leben einnehmen. Lernen zu wollen und Fragen zu stellen, ist dabei das A und O. Wie *lebte* Jesus? Wie *reagierte* Jesus? Wer *war* Jesus? Die vier Evangelien geben uns Einsicht in das Leben von Jesus. Lies sie! Studiere sie! Höre Predigten über Jesus! Richte dich selbst auf Jesus aus! Dabei kann es entscheidend sein, bereit zu sein, dich von bestimmten Dingen, die dich davon abhalten, eine gute Beziehung mit Jesus zu führen, loszusagen. So wie in der folgenden Geschichte:

„Es war einmal ein Junge, der ein Adler sein wollte. Er bestieg einen hohen Hügel und sah sich von dort aus in der Ferne um. Sehr hoch im Himmel sah er etwas fliegen. Leider war es kein Adler, sondern ein Geier. Wenig später sah er wieder etwas fliegen. Sein Herz machte einen Sprung. Aber zu seiner Enttäuschung war es nur ein Bussard. Dann aber, wieder einen Augenblick später, sah er ihn: majestätisch, beeindruckend und groß. Erhaben schwebte er durch die endlose Weite des Himmels. Dann blickte der Adler auf einmal nach unten. Er hatte Beute entdeckt. Der Junge sah, wie der Adler plötzlich hinunterstürzte, in schwindelerregender Geschwindigkeit, und dort im hohen Gras seine Beute fing. Anschließend schlug er mit kräftigen Flügelschlägen wieder himmelwärts. Plötzlich aber flog der Adler unregelmäßiger. Sein Flug geriet ins

Stocken. Der Adler stürzte ab und schlug auf den Boden auf. Der Junge merkte sich die Stelle, wo der Adler heruntergefallen war, und rannte den Hügel hinab, um den Adler zu suchen. Nach einer Stunde Suchen hatte er den Adler gefunden. Er lag regungslos auf dem Boden. Der Junge trat näher und stieß sanft gegen die Flügel des Adlers, aber der Adler rührte sich nicht. Er war tot. Nun war der Junge doch neugierig, was den Adler getötet hatte. Er schaute in die Fänge des Adlers und sah die Beute, die er kurz zuvor gefangen hatte: ein kleines Wiesel. Dann sah der Junge allerlei kleine Wunden am Bauch des Adlers. Und da begriff der Junge, was passiert war. Der Adler hatte das Wiesel gepackt und war mit ihm weggeflogen. Das Wiesel aber hatte sich mit aller Macht gewehrt und immer wieder in den Bauch des Adlers gebissen. Der Adler hatte sich jedoch geweigert, das Wiesel loszulassen. Er wollte seine Beute mitnehmen auf den Flug zur Sonne. Die Beute jedoch wurde zu seinem Tod."

Gibt es Dinge, an die du dich klammerst und die dich von Gott fernhalten? Oft sind es kleine Dinge, kleine flinke Wiesel, in unserem Leben, die uns daran hindern, Gottes Wahrheiten sowie die Freiheit und Herrlichkeit von Jesus und seinem Kreuz uneingeschränkt zu erfahren. Vielleicht gibt es bestimmte Sünden, von denen du dich einfach nicht lösen kannst oder willst. Vielleicht gibt es Erfahrungen aus der Vergangenheit, Verletzungen, die dich immer wieder abstürzen lassen. Vielleicht kämpfst du aber auch mit Ängsten, die dir alles Leben aussaugen. Solange du die Wiesel in deinem Leben nicht fallen lässt, werden sie dich daran hindern, Jesus zu sehen.

Loslassen ist nicht immer einfach. Manchmal braucht es die Hilfe anderer Menschen, um Entscheidendes abzulegen oder loszulassen. Vielleicht hilft es dir, das woran du hängst, oder das, was dir alles Leben aussaugt, öffentlich zu machen und einer Vertrauensperson zu erzählen, sodass sie für dich beten und dir die göttliche Wahrheit über dein Leben zusprechen kann. Nur bitte gib dich nicht zufrieden mit einem Leben, in dem Dinge, die du krampfhaft festhältst, dich immer wieder zur Erde zwingen. Suche die Dinge, die oben sind! Richte dich aus nach den Dingen, die oben sind! Fliege gen Himmel so wie der Adler und lass die Wiesel fallen!

Sehen ist Werden

Es gibt eine beeindruckende psychologische Tatsache: Menschen werden oft zu dem, was sie selbst über sich denken. Der Mensch wird bestimmt durch sein Denken: wie du dich fühlst, wie deine Haltung ist, wie du in die Welt blickst, selbst ein Großteil deiner Gesundheit lässt sich darauf zurückführen, wie du in Gedanken mit ihr umgehst. Und letztlich wird das Denken von dem bestimmt, dem du dich aussetzt. Beschäftigst du dich selbst nur mit oberflächlichen Dingen, wirst auch du irgendwann oberflächliche Züge entwickeln. Befriedigst du deine Gedankenwelt mit pornografischen Inhalten, werden diese deine Sexualität und dein Leben wie auch den Umgang mit dem anderen Geschlecht negativ beeinflussen. Gibst du Gewalt und Lästern Raum, wirst du selbst mehr und mehr gewalttätiger und bösartiger.

Was aber, wenn du dein Leben mit anderen Dingen füllst, die ausgerichtet sind auf das, was oben ist? Du wirst selbst mehr und mehr jesusähnlicher handeln und leben, wenn du dein Denken mit dem Wort Gottes, seiner Wahrheit und Reinheit füllst.

Bedenke: Du gleichst dich dem an, dem du dich widmest! Deine Bestimmung befindet sich nicht hier auf Erden. Du bist für den Himmel gemacht. Du bist durch und für Gott gemacht. Durch den Nebelschleier des Kreuzes von Jesus Christus darfst du sein heiliges Wesen kennenlernen. Wenn du dich ihm anvertraust, wirst du dich als Mensch verändern und demjenigen gleichen, der dich hervorgebracht hat. Und letztlich wird dich das Finden deiner Bestimmung dazu befreien, den Blick auch auf deine Berufung hier auf der Erde zu richten.

Die Wissenschaft ist seit Jahrhunderten erstaunt über die außergewöhnliche Sehkraft des Adlers. Wir wissen nicht genau, wie ein Adler seine Umgebung wahrnimmt, aber wir wissen sehr wohl, dass seine Sehstärke besser und schärfer ist als die des Menschen. Sein Auge ist ungefähr genauso groß wie das des Menschen. Und dabei muss man bedenken, dass ein Adler circa sieben Kilo wiegt. Seinem Auge wird also eine besondere Bedeutung zuteil. Und noch etwas ist erstaunlich: Sowohl der Mensch als auch der Adler hat eine Sehgrube – einen Fleck auf der Netzhaut, auf dem sich eine starke Konzentration von Sehzellen befindet. Ein Mensch hat ungefähr 200 000 Sehzellen auf einem Quadratmillimeter. Der Adler gut und gerne eine Million! Raffinierterweise hat der Adler sogar zwei dieser Sehstärkezentren. Außerdem hat der Adler nicht zwei, sondern drei Augenlider. Das dritte – im Inneren durchsichtige – Augenlid bewegt sich alle vier Sekunden über dem Adlerauge, um es sauber und feucht zu halten. Auch hilft dieses dritte Augenlid, die Adleraugen während der Fütterung gegen die scharfen Schnäbel seiner Jungen zu beschützen. Kein Wunder, dass die Sicht des Adlers viel schärfer und besser ist als die des Menschen. Ein Adler kann aus bis zu drei Kilometern Höhe eine kleine Beute auf dem Boden erkennen und sie aus der Luft überraschen.

[3]

Die Berufung leben

Deine Aufgabe auf Erden

„Wie ein Adler stürzt ..."
5. Mose 28,49

Aus der Höhe behält der Adler seinen Fokus auf die Erde gerichtet.

Gott ist unsere Bestimmung. Oder mit den Worten von Augustinus ausgedrückt:

„Unruhig ist unser Herz, bis es ruht in dir."

Täglich sind wir zu irgendetwas auf der Erde berufen. Denn von Anfang an bekam der Mensch die Aufgabe und Fähigkeit, hier auf der Erde Gottes Willen in seinem eigenen Leben auszuleben. Letztlich beschäftigt sich der Adler auch nicht nur mit der Sonne. Von Zeit zu Zeit treibt ihn sein Hunger auf die Erde, wo er Beute sucht, findet und verschlingt. Das Besondere am Adler ist, dass er, selbst wenn er in großer Höhe fliegt, eine außerordentlich scharfe Sicht auf die Erde hat. Aus bis zu drei Kilometern Höhe kann ein Adler ein Kaninchen weglaufen sehen. Und in seinem Sturzflug, wenn er die Beute jagt, kann er eine Geschwindigkeit von mehr als 300 Stundenkilometern erreichen. Die Beute sieht den Adler oft nicht einmal kommen. Wie aus dem Nichts wird sie durch den Angriff überwältigt, gepackt, lahmgelegt und mitgerissen.

Wie der Adler herabstürzt ... beschreibt insofern das Spannungsfeld, in dem wir als Christen leben – mit der Sicht auf Gott und zugleich den Fokus auf Erden.

Gott ist nicht weit entfernt

Manchmal sind wir geneigt, das Himmlische und Irdische sehr stark voneinander zu trennen. Schließlich ist Gott ja der Unsichtbare, der Heilige, der Andere. Und er scheint weit weg zu sein, erhaben über alle unsere Sorgen. Unser Bild des Adlers, der sich gleichzeitig nach der Sonne und der Erde richtet, könnte auch dazu beitragen, diesen etwas schiefliegenden Gedanken noch zu verstärken. Denn fokussierst du dich nur in eine Richtung, beispielsweise auf Gottes Herrlichkeit, lässt dich das unter Umständen von der Erde lösen. Die Folge: Du wirkst auf andere abgehoben, nicht geerdet.

Natürlich ist Gott erhaben, aber nicht weit entfernt von uns. Ja, er ist der Heilige, der Andere, aber nicht im Sinne eines Abwesenden. Der Himmel ist näher und Gottes Anteilnahme an dem, was auf der Erde geschieht, oft größer, als wir denken. Das Vaterunser beginnt mit dem Satz:

„Unser Vater im Himmel ..." Matthäus 6,9

Dieser Beginn könnte, oberflächlich betrachtet, die Annahme unterstreichen, Gott sei weit weg. Aber wenig später heißt es in dem Gebet:

„Dein Wille geschehe hier auf der Erde, wie er im Himmel geschieht." Matthäus 6,10

Gott ist nicht ein Gott, der in einem Himmel weilt, der Lichtjahre von der Erde entfernt ist. Er ist vielmehr ein Gott des die Erde umgebenden Himmelsgewölbes. Er ist der Andere, aber nicht im Sinne von „an einem anderen Ort". Er ist der Andere im Sinne „einer völlig anderen Kategorie".

Für seinen Sohn Jesus ist die Erde einmal ein verdorbener Platz, an dem die Macht des Bösen herrscht, ein anderes Mal wiederum ein märchenhafter Garten, in dem die Herrlichkeit Gottes alles mit einem wunderbaren Glanz versieht. Und Paulus hält den Athenern vor:

„Durch ihn allein leben und handeln wir, ja, ihm verdanken wir alles, was wir sind." Apostelgeschichte 17,28

Das heißt, wir dürfen uns das so vorstellen, als ob wir von einer Art großer Kaugummikugel umgeben sind, in der wir uns fortbewegen, die von allen Seiten umspannt wird von der wunderbaren Herrlichkeit Gottes.

Rund leben

Das Weltbild der Bibel ist nicht dualistisch. Es ist vielmehr holistisch, ganzheitlich. Es grenzt Himmlisches und Irdisches nicht stark voneinander ab. Himmel und Erde, Zeit und Ewigkeit, Leben und Tod – all das liegt viel dichter beieinander, als wir oft denken.

Darum zählt unser Leben hier auf Erden. Wir können es uns nicht erlauben, einzig und allein nur auf den Himmel fokussiert zu sein. Genauso wie für den Adler ist es auch für uns von wesentlicher Bedeutung, den Fokus auf die Erde zu richten. Mit unserem Kopf leben wir auf den Himmel, die himmlische Heimat, ausgerichtet, aber unsere Füße stehen auf der Erde.

Manchmal kann es besonders geistlich erscheinen, das ganze Leben Gott zu widmen, indem man Mönch wird und in ein Kloster zieht. Mönche, die es dann vermögen, all ihre Zeit, Andacht und Energie Gott zu widmen, scheinen der Inbegriff eines erfüllten und christlichen Lebens zu sein.

Ein alter Wüstenvater, der wegen seiner Hingabe an Gott äußerst angesehen war, wurde einst von einem Mann besucht, der ihn um einen Rat bat:

„Was soll ich tun? Meine Zunge bereitet mir Schwierigkeiten, und ich kann sie nicht im Zaume halten, wenn ich unter Leuten bin. Ich verurteile all ihre guten Taten und widerspreche ihnen. Was soll ich also tun?'

Der Alte antwortete ihm: ‚Wenn du dich nicht beherrschen kannst, dann meide die Leute und lebe allein. Denn das ist eine Schwäche – jene, die mit anderen zusammenleben, sollten nicht eckig sein, sondern rund, um sich allen zuzuwenden.' Weiter fügte der alte Mann hinzu: ‚Dass ich allein lebe, ist nicht wegen meiner Tugend, sondern wegen meiner Schwäche. Denn, siehst du, jene, die unter den Leuten leben, das sind die Starken.'"

Abgeschiedenes Leben mag als das heiligste gelten, aber inmitten von Absprachen, Staus, Terminen, betrieblichen Anforderungen, Untergebenen, Kollegen, Freunden und Familie zu leben, kann voller und vitaler sein als die Einsiedelei. Dass alles „rund" läuft, ist die wahre Herausforderung. Nicht das eckige Leben, das klare Kante fährt und den Himmel gegen die Erde ausspielt, ist das Entscheidende, sondern vielmehr das runde, das sich tagein, tagaus darstellt. Jenes Leben, das zeigt, dass Gott das Leben im Leben ist. Übrigens bitte nicht falsch verstehen: Auch im Kloster kann genau dies erlebt werden. Thomas Merton schreibt:

„Das Kloster ist nicht die Umgebung, in der ich mich als Individuum erfahre, sondern eher ein Ort, in dem ich für die Welt verschwinde, um so überall zu sein, verborgen in tiefer Anteilnahme."

Um überall zu sein, muss ich niemand sein. Die Menschheit braucht Klosterorden! Sie formen auf eine Weise unser Gewissen, indem sie uns ständig auf die erste große Eigenschaft des Adlers hinweisen: dass eine himmlische Ausrichtung und Sichtweise bedeutsam für unser Leben ist. Und andersherum: dass unser Leben hier auf Erden, in Gesellschaft, von himmlischer Bedeutung ist. Diese beiden Sichtweisen zu kombinieren, erfordert besondere Anstrengung und Fingerspitzengefühl.

Der Ruf Gottes

Über die Jahrhunderte berief Gott immer wieder Menschen für eine bestimmte Aufgabe. So ertönte eines Tages in der Herrlichkeit der Pracht Gottes die herzzerreißende Frage:

„Wen soll ich senden? Wer wird uns vorausgehen?" Jesaja 6,8

Und in Hesekiel trieft die Enttäuschung in den Worten Gottes:

„Ich habe jemanden gesucht, der eine Mauer um die Stadt bauen konnte, der für das Land in die Bresche springen konnte, sodass es nicht vernichtet würde – aber so jemanden habe ich nicht gefunden. Also verfluche ich sie."
Hesekiel 22,30

Und im Buch Jesaja steht geschrieben:

„Er sah, dass niemand sich regte, und wunderte sich, dass keiner dazwischentrat. Da griff er mit eigener Hand ein, von eigener Wahrhaftigkeit unterstützt." Jesaja 59,16

Gott sucht Menschen! Nicht nur Menschen, die ein Herz haben für den Himmel, sondern auch für die Erde. Es gibt so vieles zu verändern, so vieles zu beschützen, so vieles zu offenbaren, so vieles in die Hand zu nehmen, um etwas von dem großen Gebet des Vaterunsers wahr werden zu lassen: *„wie im Himmel so auf Erden!"* Für diesen Auftrag ist jeder Mensch nötig. Und du bist einer davon, der wirklich geboren ist, um zu fliegen.

Leidenschaft – Was treibt dich an?

Hat ein Mensch seine Bestimmung bei Gott gefunden, folgt darauf unvermeidlich der Ruf, auf die Erde zu blicken. Du wirst gebraucht! Du, mit all deinen Fähigkeiten, mit all deinen Talenten! Aber vor allem du mit deinem brennenden Herzen! Du, mit deiner Leidenschaft, wirst gebraucht!

Leidenschaft hilft uns Menschen, unserem Leben wie Handeln eine Richtung zu geben. Der eine Adler jagt gerne Lachse, der andere lieber Mäuse – nur wenn du dich fragst, wie du herausfinden kannst, was dein Spezialgebiet ist, wenn du dich fragst, wie du als Mensch entdecken kannst, wo Gott sich deinen Beitrag wünscht – dann …

… folge deiner Leidenschaft! Denn das, was dich selbst begeistert und antreibt, funktioniert wie ein Kompass. Sie schenkt dir eine Richtung, in der du deine Gaben, Talente und Energie einbringen und entfalten kannst. Und damit schenkt Leidenschaft dir Orientierung, deine Berufung zu entdecken. Jemand, dem beispielsweise Kinder in Not am Herzen liegen, kann beginnen, nach seiner Berufung im Einklang mit seiner Leidenschaft zu fragen. Vielleicht hilft es dann, einmal in Kinderheimen oder in einem Gemeindedienst mit Kindern aus sozial schwachem Milieu mitzuarbeiten. Jemand anderes wiederum, der eine Leidenschaft für Forschung hegt, wird vermutlich seine Berufung in der wissenschaftlichen Welt suchen.

Wie aber kommt man dahinter, wofür das eigene Herz schlägt? – Die erste Frage, die du dir dabei stellen musst, lautet: Wogegen bin ich?

Erik Hazelhoff Roelfzema wurde als *Der Soldat von Oranien* bekannt. Er ist der wohl bekannteste Widerstandskämpfer der Niederlande gegen die deutschen Besatzer während des Zweiten Weltkriegs. Sein Buch ist verfilmt und ein Klassiker der niederländischen Filmgeschichte. Seine Geschichte ist beeindruckend: Erik Hazelhoff Roelfzema gelang während des Zweiten Weltkriegs nach verschiedenen Fehlversuchen die Flucht nach England. Von England aus baute er über die Nordsee eine Verbindungslinie zu den Niederlanden auf. Immer wieder riskierte er sein Leben an den Stränden von Scheveningen und Katwijk, um Sender und Geheimagenten an Land zu bringen. Später flog er bei den Alliierten als Kampfflieger. Eine seiner ersten Aktionen gegen die Nazis war das Verbreiten eines Pamphlets mit dem Namen *„Die Studenten von Leiden"*, in dem die Besatzer bloßgestellt wurden. Als Reaktion auf die Verbreitung dieses Pamphlets wurde die Universität von den Nazis für unbestimmte Zeit geschlossen. Dies hatte zur Folge, dass Eriks Kommilitonen ihre Studien nicht mehr fortsetzen konnten. Einer von ihnen, Jacques ten Brink, ein fleißiger Student, nahm dies Erik besonders übel. Erik Hazelhoff Roelfzema wollte das tun, wovon er dachte, dass es gut wäre. Er konnte die Nazis doch nicht einfach gewähren lassen. Auf die Frage von Jacques, woher er seine Theorien für sein Pamphlet habe, schrieb Erik:

„Keine Ahnung. Außer, dass im Leben eines jeden Menschen doch Augenblicke vorkommen, in denen man sich selbst sagt: ‚Das darf nicht sein.‘ – Und dann tut er etwas.“

Die zwei befanden sich auf total unterschiedlichen Wellenlängen. Jacques ten Brink war wütend, weil die Aktion von Erik Hazelhoff Roelfzema sein sorgfältig organisiertes und geplantes Leben auf den Kopf stellte. Erik hingegen wollte etwas verändern. Etwas, was sich gehörte. Etwas Heldenhaftes.

„Ich hatte Mitleid mit Jacques ten Brink, weil er nie das Gefühl kannte, von glühender Leidenschaft, Liebe oder Überzeugung verzehrt zu werden. Seine Träume passten nicht in jene heftige Zeit, sie waren aus einem langweiligen Stoff gewebt. Aber waren sie darum weniger wert? Ich wusste es nicht. Ich wusste nur, dass ich nicht anders konnte.“

Bevor du dahinterkommen kannst, was du wirklich willst, musst du erst dahinterkommen, was du nicht willst. Was ärgert dich? Was treibt dir die Tränen in die Augen? Welches Unrecht, welcher Missstand, welcher Mangel lässt einen Vulkan an heiliger Energie in dir ausbrechen? Das ist wahre Leidenschaft! Denn daraus entsteht ein Antrieb, der dich in eine Richtung führt, etwas zu unternehmen, wofür du allein gemacht bist. Die ersten Schritte in diese richtige Richtung können noch unbeholfen und unbedeutend sein, so wie die ersten Fluchtversuche von Erik Hazelhoff Roelfzema. Aber er hatte damals seine Richtung gefunden und letztlich sollte er später als Geheimagent und Kampfflieger einen großartigen Beitrag leisten. Nicht nur das. Männer wie Erik Hazelhoff Roelfzema haben so gelebt, dass unser kollektives Bewusstsein wieder an Glanz und Stolz gewonnen bzw. es behalten hat.

Kultiviere deine Passion

Das griechische Wort „*pascho*", von dem sich das Wort Passion (Leidenschaft) ableitet, bedeutet zuallererst „*Leiden*". In der christlichen Tradition wird mit dem Terminus „*Passion*" das Leiden und Sterben Jesu beschrieben. Passion steht also in Zusammenhang mit einem äußeren wie auch inneren Leiden und Sterben. Ein Beispiel: Wird jemandem die zunehmende Apathie in unserer Gesellschaft bewusst, kann er darüber so enttäuscht sein, dass etwas von seiner kindlichen Unschuld stirbt. Anschließend kann jedoch aus diesem Erleben, dem inneren Verdruss, der Wille und die Energie entstehen, doch etwas bewegen und zum Guten wenden zu wollen. Da letztlich echte Passion so tief im Menschen geboren wird, kann ihr Ausleben auch mit viel Lebensfreude, Kraft und Dynamik einhergehen, weil das äußere Handeln mit dem tiefsten Wesen des Menschen übereinstimmt und daraus hervorgeht.

Darum ist es wichtig, dass du deine ganz eigene Passion entdeckst und kultivierst. Weil sie aber immer etwas zu tun hat mit innerem Leiden und Sterben, ist diese Auseinandersetzung weder einfach noch angenehm. Von den Dingen, die dich tief bewegen, kannst du dich ohnehin nicht lange abwenden. Du solltest daher dich selbst mit dem, was dich berührt, konfrontieren.

Vielleicht bist du tief bewegt durch die Einsamkeit, Niedergeschlagenheit oder Oberflächlichkeit vieler Menschen. Letzten Endes könnte dies dazu führen, dass du dein Leben einsetzen möchtest für entsprechend heilsame Gemeinschaften, Wege der Heilung und Seelsorge und für mehr Wahrheit und Tiefgang. Mittel und Wege, wie du dies gestalten kannst, gibt es viele. Um heilsame Gemeinschaften zu schaffen, könntest du selber kreative und neue Zugänge entwickeln, wie dies erreicht werden kann. Beispielsweise könntest du der Herzlichkeit und Gastfreundschaft deiner Gemeinde mehr Raum geben, indem du ein Team von Serviceleuten, Parkplatzordnern, Begrüßungspersonen und so weiter einsetzt. Und um Wege zur Heilung und Seelsorge zu fördern, könntest du zum Beispiel Malereien, Bücher oder Videoclips machen, die den Weg dorthin auf tief gehende Weise kommunizieren. Um Wahrheit und Tiefgang mehr Raum zu geben, könntest du versuchen, Gespräche mit Freunden und Freundinnen anders einzufädeln. Letztlich kannst du alles Mögliche tun. Nur die Art und Weise, *wie* du deiner Berufung Inhalt gibst, hat alles mit deiner Kompetenz zu tun. Darum wird es im nächsten Kapitel gehen. Denn bevor du dich Hals über Kopf in allerlei Aktivitäten stürzt, ist es wichtig, zunächst deine Passion zu kultivieren, sodass du dir selbst sicher sein kannst, dass die eingeschlagene Richtung deiner Berufung auch tatsächlich authentisch ist. Folgende Fragen können dir unter anderem dabei helfen, deine Passion zu entdecken:

Worüber hast du zum letzten Mal geweint?
Was wolltest du als Kind immer schon werden?
Welche menschliche Not trifft dich am meisten?
Welcher Missstand macht dich wütend?

Aus Passion entsteht Berufung

Aus deiner Passion heraus bist du auch imstande, das zu tun, was dir am meisten liegt und was du am meisten liebst. Gott hat dir ein neues Herz geschenkt. In diesem Herz wohnt Gottes Fülle. Die Bibel sagt, dass Gott im erneuerten Leben das „Wollen und Vollbringen" bewirkt.

„Und doch ist es Gott allein, der beides in euch bewirkt: Er schenkt euch den Willen und die Kraft, ihn auch so auszuführen, wie es ihm gefällt."
Philipper 2,13

Die Dinge, bei denen du sehr tiefe Empfindungen verspürst, werden auch durch das Herz Gottes genährt. Diese Wahrheit führt zu einer großartigen Harmonie und Entspannung im Leben eines von Gottes Geist erfüllten Menschen, denn du brauchst keine Angst zu haben, dass Gott dich mit dummem Kleinkram bestraft.

Du brauchst nicht länger tun, was du tun „musst". Du darfst vielmehr tun, was du aus deinem tiefsten Inneren heraus tun willst. Und weil dein tiefster Wille von Gott herrührt, kann Jesus dir auch zusprechen:

„Wenn ihr aber fest mit mir verbunden bleibt und euch meine Worte zu Herzen nehmt, dürft ihr von Gott erbitten, was ihr wollt; ihr werdet es erhalten." Johannes 15,7

Du kannst dir wünschen, was du auch willst, es wird passieren! Das klingt hedonistisch – Gott als Wunscherfüller. Die Wahrheit dieser Bibelstelle aber geht viel tiefer und ist noch viel schöner: Gott macht dir mehr und mehr deutlich, was du wirklich willst. Denn ausgehend von deiner Beziehung und Einheit mit Jesus verschmilzt dein Wille mit dem von Gott. Dann kannst du tatsächlich frei heraus fragen und Gott wird antworten, weil sich Gottes Wille und der deine in herrlicher Harmonie befinden.

Die Bedeutsamkeit vom Wählen

Eins gilt es zu bedenken: Deine Passion wird immer größer sein als deine Berufung. Meine Berufung (Eugène) zum Beispiel ist das Trainieren von Führungskräften. Diese Berufung rührt aus einer tiefen Passion her, die im Hinblick auf die Orientierungslosigkeit vieler Kirchen unseres Landes entstanden ist. Führungskräfte können da allerdings etwas bewegen und eine Veränderung schaffen. Deswegen gebe ich leidenschaftlich gerne Kurse in Kirchen, trainiere junge wie ältere Führungskräfte und Geschäftsleute. Doch um der Orientierungslosigkeit und Kraftlosigkeit der Kirchen unseres Landes Herr zu werden, müsste man noch viel mehr Aktivitäten entwickeln wie das Errichten von Gebetsbewegungen und das Bereitstellen guter Ausbildungen. Allerdings konzentriert sich meine Berufung darauf, meine Leidenschaft und Kompetenz weiterzugeben, und da liegt es mir einfach, Führungskräfte zu trainieren. Aufgrund meiner jahrelangen Erfahrung ist dies mein Spezialgebiet. Trotz allem was getan werden muss, hatte ich mich also auf eine Sache zu konzentrieren und eine Auswahl zu treffen.

Laut Søren Kierkegaard ist die *„Reinheit des Herzens, Eines zu wollen".* Niemand auf der Welt kann alles leisten und das gleichzeitig. Selbst Jesus konnte das nicht. Auch er hat während seines Lebens auf der Erde sich selbst fokussiert und eine tiefe Passion für die Niedergeschlagenheit der Menschen gezeigt und gelebt:

„Der Geist des Herrn ruht auf mir, weil er mich berufen hat. Er hat mich gesandt, den Armen die frohe Botschaft zu bringen. Ich rufe Freiheit aus für die Gefangenen, den Blinden sage ich, dass sie sehen werden, und den Unterdrückten, dass sie bald von jeder Gewalt befreit sein sollen. Ich rufe ihnen zu: Jetzt erlässt Gott eure Schuld." Lukas 4,18–19

Auch er hatte einen Fokus. Er wählte, worauf er sich primär konzentrierte. Und als eine Frau aus Kanaan ihn um Hilfe bat, antwortete er ihr:

„Ich wurde einzig zu den verlorenen Schafen der Israeliten gesandt." Matthäus 15,24

Deine Passion, deine Leidenschaft, für die du dich einsetzen willst, hat also nicht nur groß zu sein, sondern sie muss in ihrer Berufung auch begrenzt sein – sonst verlierst du die Effektivität und erreichst schließlich nichts mehr.

Paulus war auch angetrieben von einer brennenden Leidenschaft und hatte dabei einen klaren Fokus: So viele Menschen wie möglich zu erreichen und ihnen von Christus zu erzählen; sie letztlich vor dem falschen Weg zu bewahren, war sein Ziel. Seine Passion umfasste schlichtweg alle Menschen. In Kolosser 1 sagt er:

„Diesen Christus verkünden wir euch. Mit aller Weisheit, die Gott mir gegeben hat, ermahne ich die Menschen und unterweise sie im Glauben,

damit jeder Einzelne durch die Verbindung mit Christus reif und mündig wird. Das ist das Ziel meiner Arbeit, dafür kämpfe ich, und dafür mühe ich mich ab. Christus, der mit seiner Macht in mir wirkt, schenkt mir die Kraft dazu." Kolosser 1,28–29

Jeder Einzelne, das heißt: Jeder. Jeder. Jeder! Er hatte eine Leidenschaft für alle! In Römer 1 sagt Paulus, dass er Schuldner sei von Griechen und Nichtgriechen, von Weisen und Unwissenden und dass er jedem – auch den Menschen in Rom – das Evangelium predigen will.

Die Passion reicht immer weiter als die Berufung. Eine Berufung ist stets fokussiert, hat aber ihren Ursprung in der Passion. So stecken denn auch Petrus, Jakobus und Johannes in einem Gespräch ihr Arbeitsgebiet ab:

„Wir einigten uns, dass sie die rettende Botschaft weiter unter den Juden verkünden sollten und wir unter den anderen Völkern." Galater 2,9

Unter den anderen Völkern – das ist eine weit gefasste Aufgabe, also schlägt Paulus für sich einen kleineren Fokus vor:

„Von Jerusalem bis hin zur Provinz Illyrien habe ich die rettende Botschaft von Christus verbreitet und ihr Geltung verschafft. Dabei war es mein großes Anliegen, nur dort zu predigen, wo man noch nichts von Jesus Christus gehört hatte. Denn ich wollte nicht auf einem Fundament aufbauen, das jemand anders gelegt hatte." Römer 15,19–20

Paulus richtet sich an die Menschen und Orte, wo noch niemand gewesen ist, um das Evangelium zu predigen. Das verkleinert seinen Arbeitsbereich signifikant, auch wenn er noch ansehnlich bleibt. Jedoch begrenzt er diesen Fokus noch weiter: Er widmet sich ausschließlich den wichtigsten Städten. Wenn man die Apostelgeschichte liest, sieht man, wie Paulus von Stadt zu Stadt reiste. Seine Planung war zutiefst strategisch, denn Städte beeinflussen die umliegenden Dörfer mehr als umgekehrt. Sobald es Paulus gelang, in großen Städten gesunde Gemeinden zu gründen, konnte das Evangelium von dort aus zu den umliegenden Dörfern und kleineren Städten durchsickern. So blieb Paulus beispielsweise drei Jahre in Ephesus, seinerzeit eines der wichtigsten religiösen Zentren.

Paulus demonstriert uns, ähnlich wie Jesus, was es heißt, die eigene Berufung fokussiert zu leben. Sein Herz, seine Passion, schlug für alle Menschen. Aber seine Berufung begrenzte sich auf die Heiden und diejenigen, die noch nie das Evangelium gehört hatten, und die Menschen, die in größeren Städten wohnten. Dadurch, dass Paulus so fokussiert mit seiner Berufung umging, konnte er auch zum gegebenen Zeitpunkt sagen, dass er in einem bestimmten Gebiet fertig war:

„Aber jetzt habe ich meine Arbeit hier beendet, ..." Römer 15,23

In diesem Teil der Welt hatte er seine Berufung erfüllt und wollte nun weiterreisen nach Rom und letztlich nach Spanien. Menschen ohne klare Berufung können sich ein Leben lang im Kreis drehen, ohne dabei je etwas zu erreichen. Menschen aber, die ihre Berufung klar eingrenzen können, erreichen auch wirklich Gottes Ziele für ihr Leben. Was für eine Genugtuung gibt das!

Wenn du weißt, in welcher Richtung du unterwegs sein willst, ist es wichtig, dich festzulegen. Arbeitest du nur in der Stadt, in der du wohnst? Oder auch auf nationaler oder internationaler Ebene? Und unter welchen Voraussetzungen dann?

Das Wichtigste, wenn es darum geht, einen Fokus zu bestimmen und daran festzuhalten, ist, dass man lernt Nein zu sagen. Weniger ist oft mehr. Allerdings fällt Nein zu sagen vielen schwer. Nur wenn du nicht weißt, was du letztendlich erreichen willst und welche Berufung du hast, wird Nein zu sagen nahezu unmöglich. Bestimme daher das, was du in deinem Leben wirklich erreichen willst! Und lass rigoros alles los, was dich von den Zielen, die du wirklich erreichen willst, ablenkt.

STURZFLUG

Es gibt gut und gerne an die sechzig verschiedene Arten von Adlern. Jede Art hat ihr eigenes Spezialgebiet. Der bekannte amerikanische Weißkopfseeadler jagt vor allem Fisch. Der braune Schlangenadler jagt hingegen, wie der Name schon sagt, vornehmlich Schlangen. In Australien jagen manche Adler manchmal Kängurus, während es anderswo Adler gibt, die ihren Fokus auf Affen, Kaninchen oder Flamingos richten. Es gibt sogar Adler, die sich auf Schildkröten stürzen. Um den harten Panzer aufzubrechen, packen sie die Schildkröte mit ihren Fängen und fliegen hoch hinauf. Anschließend lassen sie die Schildkröte oberhalb eines felsigen Bodens fallen. Durch den Aufprall knackt der Panzer der Schildkröte entzwei und der Adler kann die Schildkröte fressen.

Manchmal jagen Adler auch zu zweit. Zuerst zeigt sich dann der eine Adler der Beute, ehe er kurz danach verschwindet. Die Beute verlässt daraufhin erleichtert ihr Versteck, nicht ahnend, dass der zweite Adler in der Nähe hockt und sie nun ergreift.

Der Sturzflug des Adlers auf seine Beute ist imposant. Er kann gut 300 Stundenkilometer an Höchstgeschwindigkeit erreichen. Kein Wunder also, dass es ein Fisch gar nicht kapiert, wodurch er auf einmal aus dem Wasser gepflückt wird. Die Bibel bezieht sich an verschiedenen Stellen, wie zum Beispiel in Jeremia 4,13, auf die enorme Geschwindigkeit des Adlers: *„Seine Streitwagen brausen daher wie ein Wirbelsturm, seine Pferde sind schneller als Adler!"*

[4]

Kompetenz

Entwickle deine starken Seiten!

„Sie [...] fliegen rascher als ein Adler,
der sich auf die Beute stürzt."
Hiob 9,26/HFA

Der Adler ist als ein ausdauernder Jäger bekannt.

David, ehe er König von Israel wurde, war ein Schäfer mit einem besonderen Fokus auf Gott. Er wusste, worin seine Bestimmung lag.

„Um eine Sache habe ich den Herrn gebeten, dies suche ich: Zu verweilen im Haus des Herrn alle Tage meines Lebens, um die Anmut des Herrn an-zuschauen und seinen Tempel zu erforschen." Psalm 27,4

Darin lag seine Bestimmung. Aber Gott schenkte ihm für sein Leben hier auf Erden auch eine Berufung: die Königswürde.

„Er wählte David aus, ihm zu dienen; von den Weiden holte er ihn weg, wo er die Schafe hütete. Gott machte ihn zum Hirten über Israel, über sein erwähltes Volk. Gott gab seinem Leben eine völlig neue Richtung." Psalm 78,70–71

Gott gab Davids Leben eine vollkommen neue Richtung. Rückblickend auf seine Geschichte gesehen wissen wir, dass Davids Weg zu seiner Königswürde ein langer und schwerer war. Zehn Jahre flüchtete David vor einem wahnsinnigen König durch die Wüste. Aber diese zehn Jahre taten keinen Abbruch an seiner Berufung. Er blieb seiner Berufung, die Gott ihm gegeben hatte, treu – ohne selbst Hand anzulegen. Er wusste, Gott würde ihm eines Tages den Weg bahnen. Aus Integrität würde er erst dann die Chance ergreifen, die Gott ihm gab. Und als der Moment gekommen war, dass David endlich seine Berufung leben konnte, zeigte sich, dass er dies mit zwei besonderen Charakterzügen tat.

„Dieser beweidete sie mit der Aufrichtigkeit seines Herzens und führte sie mit kundiger Hand." Psalm 78,72

David führte sein Volk mit einem aufrichtigen Herzen und durch seine Erfahrung, mit Integrität und Geschick. Er hatte Charakter und war fähig, Dinge zu tun. – Von diesen zwei grundlegenden

Eigenschaften für ein geistliches und erfolgreiches Leben handelt dieses wie das nächste Kapitel.

Der Adler ist ein Vogel mit außergewöhnlichen Fähigkeiten: Seine Sehstärke ist wörtlich zu nehmen, seine Schnelligkeit wird auf der ganzen Welt bestaunt, sein Flug wird besungen und regt seit jeher die Fantasie der Menschen an. Und der Charakter des Adlers zeugt von Ausgewogenheit, denn beim Fliegen und Jagen beweist er Mut. Er hat keine Angst, es mit Tieren aufzunehmen, die größer und vielleicht auch stärker sind als er. Ein junger Adler fällt schon mal über einen Fuchs her, ein anderer jagt ein Känguru, das mit seinen Pfoten hart zuschlagen kann, ein dritter erbeutet eine giftige Schlange.

Der Adler ist auch als ausdauernder Jäger bekannt. Seine Jagdtechnik kann nämlich durchaus frustrierend sein, wenn seine Fänge den Griff der Beute wieder und wieder verfehlen. Gerade beim Fangen von Fisch hat ein junger Adler zu üben, ehe er auch wirklich etwas fängt. Und selbst ein erwachsener Adler macht öfter mal einen Fehlgriff, als dass er Erfolg hat. Doch Adler halten das aus. Ihre Kombination außergewöhnlicher Fähigkeiten mit einem probaten Charakter macht sie gerade zu den fantastischen Vögeln, die sie sind.

Der Adler kann noch so gut um den Himmel als seine Bestimmung wissen und zur Jagd auf der Erde berufen sein – ohne seine beiden Flügel erreicht er weder das eine noch das andere. Hat ein Mensch seine Bestimmung in Gott und seine Berufung auf Erden gefunden, kommt es ebenso auf seine „Flügel" an, denn seine Fähigkeiten wie auch sein Charakter geben den Ausschlag dafür, ob und wie er seine Bestimmung und Berufung erreicht. Hierunter fallen zum Beispiel deine Auffassungsgabe, dein körperliches Vermögen, deine emotionale Kompetenz und die Erfahrung, die du bislang im Leben auf allerlei Gebieten gemacht hast. Dein Charakter wiederum umfasst alle Eigenschaften, die dich als Person ausmachen, unter anderem deine Liebe, Beharrlichkeit und Treue.

Adlerflügel

Die Flügel des Adlers sind imposant! Der Steinadler besitzt durchschnittlich eine Spannweite von mehr als zwei Meter. Sie ist also fast so breit wie die Höhe deiner Türen zu Hause. Und der ganze Körper des Adlers ist fürs Fliegen gemacht. Seine Flügel sind riesengroß, aber federleicht. Sie wiegen beim erwachsenen Adler gerade mal ein Kilo. Und dabei sind sie im Verhältnis stärker als Flugzeugflügel. Mit seinen äußeren Federn, den Deckfedern, kann der Adler selbst im vollen Flug seinen Körper so steuern, dass er sich geräuschlos auf eine Beute herabfallen lassen kann.

Die Flügel des Adlers machen ihn erfolgreich und zu dem, der er ist. So brauchen auch wir Menschen Charakter und Kompetenzen in unserem Leben, die uns „beflügeln", um erfolgreich unterwegs zu sein. Manchmal kann man beobachten, wie bei einigen Menschen diese beiden „Flügel" aus dem Gleichgewicht geraten.

Menschen, die beispielsweise über viele Fähigkeiten, aber wenig Charakter verfügen, wirken oft hochmütig und arrogant. Moses beispielsweise war von seiner Kompetenz her ein geborener Leiter und Anführer. Schon früh wollte er diese Leitungskompetenz einsetzen, um sein Volk zu befreien. Jedoch endete sein Vorhaben in dem Tod eines ägyptischen Bewachers und mit seiner Flucht in die Wüste. Erst nachdem Gott vierzig Jahre lang seinen Charakter formte, war Moses reif genug, um mit einem bescheidenen und sanftmütigen Herzen seiner Berufung nachzukommen.

Menschen, die wiederum einen guten Charakter, aber nicht die Fähigkeit besitzen, ihm entsprechende Taten folgen zu lassen, brennen oft aus. Sie sind mit einem guten Herzen und Willen unterwegs und wollen Gott bestmöglich dienen. Dabei versuchen sie unter einer enormen Zeit- und Kraftanstrengung das, was ihnen an Fähigkeiten fehlt, zu kompensieren. Das kann zur Folge haben, dass sie sich und ihre Umgebung schleifen lassen und gereizt reagieren. Manche drohen sogar auszubrennen.

Timotheus war ein junger Mann mit einem guten Charakter. Doch Paulus musste diesem Diener Gottes hier und da ganz praktische Anweisungen erteilen und ihm helfen, mit Konflikten, älteren Menschen, Männern wie Frauen, umzugehen. Charakter und Kompetenz brauchen eine gute Balance.

Zu bleiben wie du bist, bedeutet zu verlieren, was du hast

In dem Gleichnis von den anvertrauten Talenten gibt der Besitzer seinen drei Verwaltern jeweils eine unterschiedliche Anzahl Talente (Geldstücke). Der Erste bekommt fünf, der Zweite drei und der Dritte eins. Jeder so viel, wie er „verkraften kann". Das ist entscheidend! Gott gibt dir so viel, wie du bewältigen kannst. Er vertraut dir – in der Doppeldeutigkeit des Wortes – eine Anzahl Talente an, die zu deiner Person und deinem Charakter passt.

Als der Besitzer zurückkommt, bittet er seine Verwalter um Rechenschaft, wie sie mit den anvertrauten Talenten umgegangen sind. Zwei Verwalter haben mit den Talenten gewuchert und haben zu hundert Prozent Profit gemacht. Der dritte Sklave hat sein Talent in der Erde vergraben und weder Gewinn erwirtschaftet noch Verlust gemacht. Der Besitzer lobt die ersten beiden und wird böse auf den dritten Verwalter. Er nennt ihn „feige" und „faul". – Aus diesem Gleichnis lassen sich ein paar wichtige Lehren ziehen:

1. Von Gott bekommst du eine Anzahl Talente (Fähigkeiten) geschenkt, die zu deiner Persönlichkeit passt. Nicht mehr als dein Charakter fähig ist, um damit umgehen zu können. Hab also keine Angst vor deiner wunderbaren Einzigartigkeit! Wenn du dich mit einer bestimmten Fähigkeit hervortust, wird Gott dir auch die Gnade zuteilwerden lassen, mit dieser Entwicklung charakterlich Schritt halten zu können. Jedoch musst du ihm gestatten, dich verändern und formen zu lassen. Im nächsten Kapitel findest du dazu einiges, das es zu beachten gilt.

2. Gott will, dass du mit dem, was du empfangen hast, wucherst. Du bist nicht verantwortlich für das, was du nicht hast, sondern für das, was du besitzt. Der Verwalter mit dem einen Talent wurde nicht auf die Tatsache hin angegangen, dass er *nur* ein Talent besaß, sondern weil er nichts mit dem tat, was er empfangen hatte.

3. Um etwas zu erreichen, musst du Risiken eingehen. Wenn du dich in deinen Fähigkeiten und deiner Kompetenz weiterentwickeln willst, geht das meist einher mit gewissen Risiken. Eine gute Sängerin wird Lampenfieber in Betracht ziehen müssen, der Händler muss das Risiko einer Fehleinschätzung beim Kauf eingehen, der Erzieher hat Risiken von Faktoren, die außerhalb seines Einflusses liegen, abzuwägen. Niemand kann sich weiterentwickeln ohne Risiken einzugehen. Dem dritten Verwalter wird letztlich „Feigheit" vorgeworfen, weil er das Risiko, sein Talent zu gebrauchen, erst gar nicht eingehen wollte.

4. Nicht zu wachsen, ist keine Option. Der dritte Verwalter dachte, durch das Vergraben des Geldes nicht auf die Nase zu fallen, denn der Besitzer würde ja bei seiner Rückkehr das Talent zurückbekommen. Damit war dem Herrn jedoch nicht gedient. Im Leben mit Gott ist es offensichtlich so, dass Zeit plus Talent immer das Hervorbringen eines Mehrs bedeutet. Stillstand ist Rückgang. Anders gesagt: Einfach zu bleiben, der du bist, bedeutet zu verlieren, was du hast. Nur auf Sicherheit zu setzen, bedeutet seine Fähigkeiten zu verschwenden.

Wähle nur einen Stuhl, um darauf zu sitzen

Zu deinen Kompetenzen gehören die Bereiche und Taten, in denen du dich immer wieder hervortust. Kompetenz setzt sich zusammen aus einem Mix an Fähigkeiten, Wissen, Ergebnissen und Erfahrungen. Deine Fähigkeiten wiederum bestehen aus Gaben und Talenten. Unter dem Wort „Gaben" verstehen wir die geistlichen Gaben, die Gott den Menschen schenkt, die an ihn glauben. Unter Talent hingegen verstehen wir die besonderen Fähigkeiten, die man mit in die Wiege gelegt bekommt.

Viele Menschen meinen, es sei das Beste, wenn sie zu einem Allrounder werden. Zu jemandem, dem alles irgendwie gut gelingt. Für eine bestimmte Phase in der menschlichen Entwicklung ist das gut und richtig. Kinder beispielsweise, die einen bestimmten Sport ausüben, lernen erst alle Basistechniken des Spiels. Beim Volleyball lernen sie alles, um „Überhand" und „Unterhand" zu spielen, um zu schmettern und aufzuschlagen. Je älter sie aber werden und je mehr sie auf einem höheren Niveau spielen, desto spezialisierter geht es zu. Dann wird derjenige, der die beste Überhandtechnik hat, zum Spielführer. Und derjenige, der am härtesten schlagen kann, wird diagonaler Angreifer usw.

Nicht nur im Sport, sondern auch in Ausbildung, Studium oder Beruf spezialisieren wir uns nach der Allrounderphase. Der damit verbundene Druck, in einem frühen Stadium Entscheidungen treffen zu müssen, die das Leben bestimmen, ist in unserer Gesellschaft immens groß geworden. Gerade junge Menschen erleben das immer wieder. Sie haben sich festzulegen für ein Studium, für ein Fach, für eine Karriere. Allerdings ist es zwischen dem zwanzigsten und dreißigsten Lebensjahr durchaus normal und gesund, viele verschiedene Dinge einfach mal auszuprobieren und sich auf allerlei Gebieten Fähigkeiten anzueignen.

In dieser Lebensphase habe ich (Henk) damals unzählige Dinge getan: Ich habe eine schnell wachsende Organisation geleitet, als Kommunikationsberater gearbeitet, Vorträge bei verschiedenen Zusammenkünften gehalten, Bücher geschrieben, studiert, eine Gemeinde geleitet und vieles mehr. Ich war ein ziemlicher Allrounder – gut im Leiten, gut im Motivieren, gut im Sprechen, gut im Schreiben, passabel im Unterrichten und im Pastorat, gut als Kommunikationsberater usw. Irgendwann kam ich dahinter, dass es drei Bereiche gab, in denen ich so richtig gut und kompetent war: das Reden, Schreiben und Leiten. Die beiden ersten ragten sogar besonders heraus.

Leider besteht unser Fallstrick darin, dass wir geneigt sind, besonders viel Energie ausgerechnet in die Entwicklung der Bereiche zu investieren, in denen wir nicht so gut sind. So könnte ich mich beispielsweise dem Entwickeln meines beschränkten Organisationstalents, meiner mäßigen seelsorgerlichen Einfühlungsgabe oder meiner begrenzten Affinität zu Finanzen widmen und versuchen, darin besser zu werden. Wenn ich aber der Berufung, die über meinem Leben steht, mehr Form und Inhalt geben will, habe ich mich auf die Kompetenzen, mit denen Gott mich besonders beschenkt hat, zu konzentrieren: auf den Ausbau und das Erweitern meiner Fähigkeiten als Redner, Sprecher und Leiter.

Wenn du die notwendigen Dinge einmal ausprobiert und eine gute Sicht über dich selbst und deine Kompetenzen gefunden hast, ist es wichtig, die richtigen Entscheidungen zu treffen. Der berühmte italienische Tenor Luciano Pavarotti (1935–2007) erzählte einmal davon, was ihm geholfen hat, eine Wahl zu treffen:

„Als ich ein kleiner Junge war, führte mich mein Vater, ein Bäcker, in die Schönheit des Liedes ein. Er ermutigte mich, hart zu arbeiten, um meine Stimme zu verbessern. Arrigo Pola, ein professioneller Tenor aus meiner Heimatstadt Modena in Italien, stellte mich als sein Schüler ein. Ich studierte auch um Lehrer an einer Schule zu werden. Nachdem ich mein Examen fürs Lehramt bestanden hatte, fragte ich meinen Vater: ‚Soll ich Lehrer oder Sänger werden?' – ‚Luciano', sagte mein Vater, ‚wenn du versuchst auf zwei Stühlen zu sitzen, wirst du dazwischenfallen. Fürs Leben musst du einen einzigen Stuhl wählen.' Ich wählte einen Stuhl. Es kostete mich sieben Jahre Studium und Frustration, ehe ich meinen ersten professionellen Auftritt absolvieren konnte. Es kostete mich weitere sieben Jahre, um in der Metropolitan Opera auftreten zu können. Und heute bin ich davon überzeugt, dass, ob du nun Bildhauer bist oder ein Buch schreibst,

ganz gleich, was du als Beruf wählst, dich dem voll und ganz hingeben musst. Das ist der Schlüssel."

Wähle *einen* Stuhl, um darauf zu sitzen! Das ist das Geheimnis aller Menschen, die besondere Kompetenzen haben.

Du machst zu viel!

Hiob gebraucht in Hiob 9,26 das Bild eines Adlers, der auf seine Beute niederstürzt. Alle Kompetenzen des Adlers ballen sich dann in dieser einen zielgerichteten Aktion zusammen. Nehmen wir mal an, ein Adler fokussiert einen Fisch im Wasser. Mit Karacho stürzt er hinab, in rasender Fahrt macht er sich bereit, gleich einzutauchen. Doch kurz bevor er den Fisch erreicht, sieht er in etwa zehn Meter Entfernung eine Ente schwimmen. Der Adler denkt sich: „Eigentlich habe ich heute mehr Lust auf Ente als auf Fisch. Schon die ganze Woche habe ich Fisch gegessen." Also ändert er im letzten Moment seinen Kurs und probiert, die Ente zu packen. Inzwischen hat die Ente den Adler jedoch bemerkt und flüchtet schnatternd davon. Währenddessen sieht der Fisch den dunklen Schatten des Adlers über sich fliegen und taucht in tieferes und sicheres Gewässer hinab. Letzten Endes verpasst der Adler sowohl die Ente als auch den Fisch. Weil er zu viel wollte, bekommt er am Ende gar nichts.

Es ist wie beim Fangenspielen auf dem Schulhof: Einer ist der Fänger und Dutzende Kinder rennen weg. Wenn der Fänger nicht hinter einer bestimmten Person her ist, sondern versucht, jede beliebige Person zu fangen, wird er jede verpassen. Wenn der Fänger sich jedoch auf einen Spielkameraden konzentriert, ist die Chance groß, dass er ihn auch fangen wird. In dem Moment aber, wo der Fänger hinter einem bestimmten Kind her ist, werden alle anderen Kinder versuchen, den Fänger mit lautem Geschrei abzulenken. Sie wissen instinktiv, dass der Fänger, wenn er von seinem Ziel abgelenkt wird, mehrere Kinder jagt und schließlich niemanden fangen wird und somit Fänger bleibt.

Auch in unserem Leben ist die Versuchung mehrere Ziele „einzufangen", dauernd gegeben. Wir zielen auf den Fisch und beschließen auf halbem Wege, dass die Ente doch auch ganz lecker ist. Und wenn es uns gelingt, ein bestimmtes Ziel anzusteuern, dann gibt es unterwegs Dutzende Stimmen, die versuchen, uns davon abzubringen, indem sie uns dazu verleiten, dass wir ihnen Aufmerksamkeit schenken.

Das Geheimnis des Wachsens und Ausbauens von Kompetenz liegt jedoch darin, sich dem zu widmen, nur ein, zwei oder drei Sachen zu entwickeln. Die Stärke und Kraft des Adlers liegen eben genau darin, dass er sich beschränkt. Er ist erfolgreich, weil es ihm gelingt, sich auf eine Sache zu konzentrieren.

Andy Stanley, Pastor einer amerikanischen Gemeinde in Atlanta/Georgia, kennt diese Erfahrung. Er sagte einmal: *„Du tust zu viel!"* Und er erzählte, wie er als junger Pastor viele Dinge gleichzeitig anpackte, bis er langsam dahinterkam, dass er weniger tun musste, wenn er mehr erreichen wollte. Er musste sich auf ein bis zwei seiner Kernkompetenzen fokussieren und darin herausragend sein. Für ihn hatte das zur Folge, dass er sich mehr auf das Predigen konzentrierte.

Starke Seiten sind große Wachstumspotenziale

In ihrem Buch *„Entdecke deine Stärken, jetzt!"* beschreiben die beiden Autoren Marcus Buckingham und Donald O. Clifton die Ergebnisse einer Untersuchung mit 1,7 Millionen Befragten über ihren Umgang mit ihren Stärken und Schwächen. Sie zeigten anhand ihrer Ergebnisse auf, dass Manager im Allgemeinen von zwei falschen Annahmen ausgehen:

1. *Jeder kann beinahe alle Fertigkeiten erwerben.*
2. *Bei jedem bieten die schwachen Seiten den größten Raum für Wachstum.*

Das Ergebnis ihrer Studie kommt jedoch zu einem ganz anderen Schluss:

1. *Die Talente jedes Arbeitnehmers sind einzigartig und beständig.*
2. *Die Stärken jedes Arbeitnehmers bieten den größten Raum für Wachstum.*

Ist deine Neigung zu Finanzwirtschaftlichem oder zu Rhetorik gelinde gesagt mittelmäßig, wirst du darin niemals zur Weltspitze gehören. Ist dir aber eine Neigung zum Organisieren und in Finanziellem gegeben, kannst du gerade in diesem Bereich zu jemandem von Weltklasse werden. Denn gerade mit den Kompetenzen, die man hervorragend entwickeln und kultivieren kann, lässt sich eine Berufung auf wunderbare Weise leben, gestalten und weiterentwickeln. Wie aber kann man herausfinden, welche Stärken man hat? Ein paar hilfreiche Fragen können dir dabei helfen, das herauszufinden:

Welche Sachen magst du besonders? Was macht dir Freude? Gärtnerst du gern? Reparierst du gern Dinge, die kaputtgegangen sind? Sprichst du gerne vor Publikum oder magst du es, Menschen zu motivieren? – Dinge, die dir gefallen und Spaß bereiten, weisen bereits auf eine Richtung in deiner Kompetenz hin. Gerade die Tatsache, dass dir bestimmte Beschäftigungen mehr Freude bereiten als andere, macht es dir einfacher und angenehmer, dich genau in diesen Tätigkeiten zu vervollkommnen.

Für welche Tätigkeiten erhältst du die meiste Anerkennung in deiner Umgebung? Vielleicht loben dich deine Freunde für deine Kochkünste. Vielleicht bekommst du viel Lob für deine ansprechende und gewissenhafte Weise, wie du Gutachten erstellst. Vielleicht finden Menschen es besonders angenehm, wenn du Versammlungen leitest. Wertschätzung von Menschen aus deiner Umgebung ist ein weiterer wichtiger Wegweiser im Hinblick auf deine

Kompetenzen, denn Menschen erkennen einfach Qualität und genießen sie.

Welche Themen wecken dein Interesse? Liest du gerne Finanzberichte oder komplizierte philosophische Werke? Vertiefst du dich mehr als der durchschnittliche Teil der Bevölkerung in die Not der Straßenkinder Brasiliens? Beschäftigst du dich oft mit der Frage, wie du bestimmte Sachen auf der Arbeit oder in der Kirche besser organisieren könntest?

Wenn du dir nicht über deine eigenen Fähigkeiten und Kompetenzen im Klaren bist, dann nimm dir Zeit, um darüber nachzudenken, in welchen du wirklich gut bist.

Die Kompetenz auf die Berufung ausrichten

Von dem Moment an, in dem der Adler seine Beute im Blick hat, arbeitet bei ihm alles darauf hin, die Beute zu fassen. Nicht immer gelingt ihm letztlich der Zugriff, aber alles in allem ist der Adler ein vortrefflicher Jäger.

Hast du eine Vorstellung von dem gewonnen, was dich antreibt – von deiner Passion und von deiner Berufung, die Gott dir gegeben hat –, ist der nächste Schritt, deine Berufung zu erfüllen. Und dabei ist es wichtig, deine Kompetenz gut in Augenschein zu nehmen und zu prüfen. Angenommen du verspürst eine Leidenschaft für den Dienst an Kindern und dir ist es mit deiner Berufung wichtig, für Waisenkinder in Afrika da zu sein, und die Vorstellung Hunderter heimatloser, verwaister Kinder bricht dir das Herz und du willst nichts lieber, als ein Heim für all diese Jungen und Mädchen zu schaffen, dass sie mit Nahrung, Kleidung und Bildung versorgt werden, dann wäre dein nächster Schritt, dir zu überlegen, auf welche Art du am besten einen Beitrag leisten könntest. Spiel mal folgende Optionen mit durch:

- Vielleicht bist du pädagogisch ausgebildet und der Beitrag, den du leisten könntest, wäre, an Ort und Stelle mit den Waisenkindern in einem Haus zu wohnen, acht bis zehn Kinder unter deine Obhut zu nehmen und für sie Vater und Mutter zu sein.
- Vielleicht bist du handwerklich geschickt und dein Beitrag, den du leisten könntest, wäre, beim Bau eines Waisenhauses zu helfen. Dafür stellst du zwei Wochen, einen Monat oder ein Jahr deines Lebens zur Verfügung. Oder vielleicht engagierst du dich sogar einige Jahre als Hausmeister auf dem Gelände des Waisenhauses.
- Vielleicht kannst du gut die Menschen um dich herum motivieren und dein Beitrag, den du für das Waisenhaus leisten könntest, wäre das Anwerben von Förderern und Spendern in deinem Heimatland. Du entschließt dich, einen Großteil deiner Freizeit dafür einzusetzen, um nach der Arbeit Telefonate zu führen und Unterstützer zu finden. Du bist so von unentbehrlichem Wert für das Waisenhaus – auch wenn du nicht in Afrika vor Ort sein kannst.
- Vielleicht besitzt du die Gabe des Leitens und der Beitrag, den du leisten könntest, wäre der, einen Sitz im Vorstand der Stiftung, die das Waisenhaus verwaltet, zu übernehmen und weise Beschlüsse über das Tagesgeschäft und die Zukunft des Waisenhauses zu treffen.

Die Berufung all dieser Personen kann dieselbe sein: Hilfe für Waisenkinder in Afrika. Die Art und Weise allerdings, wie diese Berufung ausgefüllt wird, ist zum größten Teil abhängig von den Kompetenzen, die Gott der jeweiligen Person geschenkt hat.

FLUGKUNST

Ein Adler ist fürs Fliegen geschaffen. Aber er hat die nötige Beute zu verschlingen, um seine Energie aufrechtzuerhalten. Ein Steinadler-Brutpaar verzehrt allein bis zu 300 Kilogramm Fleisch im Jahr.

Um die Beute zu fangen, muss alles haarklein aufeinander abgestimmt sein: Mit seinen bestechend guten Augen kann der Adler aus einer Höhe von 300 Meter ein Gebiet von acht Quadratkilometer überblicken. Hat er seine Beute gesichtet, schießt der Adler im Sturzflug – nahezu geräuschlos und pfeilschnell – auf seine Beute herab. Seine Flügel – mit einer Spannweite von mehr als zwei Meter – wiegen nur ein Kilo und sind vergleichsweise stärker als Flugzeugflügel. Mit den äußeren Federn, den sogenannten Deckfedern, kann der Adler seine Flugbahn sehr fein steuern und korrigieren. Der Angriff geschieht so unerwartet, dass die Beute oft nicht einmal mitkriegt, wer sie da packt.

Erst im letzten Augenblick werden die Fänge mit den Krallen ausgefahren, um die Beute zu packen. Sie bestehen aus vier starken „Zehen", drei vorne und eine hinten. Ein Adler tötet seine Beute nicht durch seinen imposanten Schnabel, sondern mit seinen Krallen. Damit durchbohrt er die Lunge, den Schädel oder das Rückgrat seiner Beute. Meist aber stirbt die Beute am Schock. Nach dem erfolgreichen Beutesturzflug hackt der Adler die Beute mit seinem messerscharfen Schnabel in kleine Stücke und verschlingt diese.

5

Charakter

Widerstand macht dich stärker und reifer

„Saul und Jonatan – jeder liebte und verehrte sie!
Unzertrennlich waren sie im Leben, und nun sind sie auch
im Tod vereint. Sie waren schneller noch als Adler, stärker
als der stärkste Löwe."
2. Samuel 1,23

Saul und Jonatan waren schneller als Adler und stärker als Löwen.

Diese Bibelstelle stammt aus dem Klagelied Davids über Saul und Jonatan. Vater wie Sohn sterben in derselben Schlacht gegen die Philister. Und in einer Art Nachruf ehrt David die beiden und vergleicht sie mit dem Adler. Nur ist der Tod von Saul weitaus tragischer als der von Jonatan. Denn Davids Freund starb nach einem ehrbaren, charaktervollen Leben, Saul aber starb als ein verbitterter korrumpierter Mann. Während also Jonatan zeit seines Lebens Charakter zeigte, fehlte Saul eben genau dieser.

Die Tragik von Sauls Tod

Saul wurde damals geschickt in die Öffentlichkeit gebracht. Als Mann war er groß gewachsen und er war derjenige im Volk, der geeignet war, erster König von Israel zu werden. Seine imposante Gestalt, seine Tatkraft, seine Kriegskunst und seine Art von heiliger Empörung vereinte Israel im Kampf gegen die Philister.

Sicher, Saul war kompetent, aber ihm fehlte Charakter. Das zeigt sich bereits darin, dass er wiederholt Mordanschläge auf David verübt, der beliebt und populär war. Doch auch auf anderen Gebieten erweist sich sein schwacher Charakter. Während einer Schlacht gegen die Philister beispielsweise gerät Sauls Heer in Bedrängnis. Die Philister haben eine gewaltige Armee, die die israelischen Soldaten ängstigt. Immer mehr Männer ergreifen die Flucht. Gottes Hilfe ist dringend erforderlich! Der Prophet Samuel hatte versprochen, dass er binnen sieben Tagen bei den Soldaten sein werde, um die notwendigen Opfer für Gottes Eingreifen zu erbringen. Nur waren bereits siebeneinhalb Tage vergangen und nirgends war eine Spur von Samuel zu sehen. Saul befand sich deswegen unter enormem Druck. Und es blieb nicht aus, dass immer mehr seiner Soldaten flüchteten, weil die Philister so übermächtig waren. Samuel, der den Segen Gottes erbitten sollte, war einfach nicht da.

In seiner puren Verzweiflung brachte Saul dann selbst die Opfer dar. Er war noch nicht fertig, als Samuel endlich eintraf – kurz vor Ende des siebten Tages. Seine Ungeduld kommt Saul letztlich teuer zu stehen:

„,Das war sehr dumm von dir!', erwiderte Samuel. ,Du hast dem Befehl des Herrn, deines Gottes, nicht gehorcht. Er wollte dir und deinen Nachkommen für alle Zeiten die Königsherrschaft über Israel geben. Du aber hast sie durch dein voreiliges Handeln verspielt.'" 1. Samuel 13,13+14

Sauls Fehler ist nachvollziehbar: Jeder, der unter hohem Druck und in der Verantwortung für Menschen steht, macht mal dumme Sachen. Doch in dieser Geschichte über den Thron Sauls werden die ersten kleinen Risse in seinem Charakter deutlich: Saul war ein kompetenter Mann mit starken Fähigkeiten, aber er hatte einen unvollkommenen Charakter.

Im weiteren Verlauf seiner Geschichte werden die Risse in seinem Charakter immer größer. War er zunächst durch äußere Umstände, bedingt durch eine enorme Drucksituation, ungehorsam geworden, zeigt sein weiterer Lebensweg, wie er immer mehr dies aus seiner eigenen Initiative heraus tat. Gegen Ende seines Lebens sehen wir sogar, dass er sein Vertrauen nicht mehr auf Gott setzt, sondern eine Wahrsagerin um Rat fragt.

Der Charakter von Jonatan

Das Leben von Jonatan, Sauls Sohn, zeichnet sich durch Ehren- wie Heldenhaftigkeit aus. In einer Schlacht gegen die Philister schlägt Jonatan mit seinen Waffenbrüdern zwanzig Philister. Und als Jonatan begreift, dass nicht er als Königssohn, sondern David von Gott erwählt wurde, um seinem Vater Saul auf dem Thron zu folgen, deutet nichts auf eine Eifersucht bei Jonatan hin. Seine Liebe zu David ist größer als seine Ambitionen auf den Thron. Er hält ihm die Treue, auch wenn dies zu einem Vertrauensbruch mit seinem Vater führt. Sogar als David jahrelang auf der Flucht vor Saul ist, sucht Jonatan David in der Wüste auf, um ihm seine Freundschaft zu bezeugen.

Jonatan hat es geschafft, seiner Berufung ein Gesicht gegeben, auch wenn er frühzeitig verstorben ist. Saul hingegen hat seine Berufung verspielt. Zwar besaßen beide die Kompetenz eines Adlers, doch Saul fehlte der Charakter. Und dieser Mangel kostete ihn letzten Endes sein Leben. David beweinte am Ende beide Adler, Vater und Sohn. Den einen, der sich im Gleichgewicht befand, wie auch den anderen, der das nicht war.

In der Bibel erfahren wir vom Leben von ungefähr 3 000 Personen. Von einigen Hundert können wir es von Anfang bis Ende nachvollziehen. Unter ihnen gibt es mehr als fünfzig Menschen, die vorzeitig straucheln und deren Leben nicht gut endet. Es ist bemerkenswert, dass sie meist nicht aus Mangel an Vermögen – aufgrund des Fehlens an körperlichen oder geistigen Fähigkeiten, also ihrer Kompetenz – scheitern. Sie fallen vielmehr aus Mangel an Charakter und weil sie nur unzureichend ihre Bestimmung und Berufung erkannt haben.

Wachstum durch Widerstand

Unser Leben besteht aus unzähligen Momenten, in denen wir Entscheidungen treffen. Immer wieder haben wir die Freiheit, unser Leben selbst in die Hand zu nehmen und ihm Richtung zu geben. Manchmal besteht die Kunst darin, auf etwas zu warten, das dir erst gegönnt sein muss, so wie bei Saulus. Gelegentlich besteht die Kunst aber auch darin, tatkräftig einzugreifen, in einem Moment, wenn dieses Eingreifen vielleicht nicht der einfachste Weg ist.

In allen Momenten, in denen wir Entscheidungen treffen, haben wir die Freiheit zu wählen zwischen dem, was einfach ist und auf der Hand liegt und dem, was wir eigentlich glauben, tun zu müssen. Es gibt immer einen Weg des geringsten Widerstandes und einen Weg des Wachstums. Der Weg des Wachstums ist per definitionem nicht der Weg des geringsten Widerstandes, denn Wachstum entsteht eben genau durch Widerstand. So wie der amerikanische Psychiater und Schriftsteller M. Scott Peck sagt:

„Nur durch Probleme und Herausforderungen können wir geistlich wachsen."

Eichen werden widerstandsfähig durch den Druck des Windes. Diamanten entstehen durch hohen Druck. Und Wolkenkratzer haben tiefe Fundamente. Die Art, wie der Adler mit einem Sturm umgeht, ist vielsagend. Kleinere Vögel werden durch einen Sturm auf die Erde genötigt. Sie sind nicht stark genug, um bei höheren Windgeschwindigkeiten zu fliegen. Adler hingegen werden gerade durch Böen in Höhen getrieben. Ihre Flügel sind so stark, dass der Wind sie nicht zur Landung zwingt, sondern noch näher an ihre Bestimmung führt.

Die Art, wie wir in unserem Leben mit Gegenwind und Sturm umgehen, entscheidet letztlich darüber, ob wir unsere Bestimmung erreichen oder nicht. Denn Kraft und Charakter wachsen nur in Zeiten der Belastung, indem wir lernen mit Ansprüchen, Herausforderungen und Problemen gut und gesund fertigzuwerden.

Das Problem ist nur: Widerstände wollen wir oft tunlichst vermeiden. Wir sind geneigt, stets den Weg des geringsten Widerstands zu wählen. Und dieser ist meist derjenige, wo wir auch das geringste Wachstum an unserer Persönlichkeit, an Reife, erfahren. Der brasilianische Schriftsteller und Bestsellerautor Paulo Coelho beschreibt es folgendermaßen:

„Mein Herz fürchtet sich davor, zu leiden", vertraut der Junge dem Alchimisten eines Nachts an, als sie in den mondlosen Himmel schauen. „Sag deinem Herz, dass die Furcht vor dem Leiden schlimmer ist als das Leiden selbst", antwortet der Alchimist. „Und dass noch nie ein Herz auf der Suche nach seinen Träumen gelitten hat,

weil jede Sekunde der Suche eine Sekunde der Begegnung mit Gott und der Ewigkeit ist."

Unsere Bestimmung können wir nur dann erreichen, wenn unser Charakter den Glanz und die Größe unserer Bestimmung tragen kann. Nur unser Herz leidet nicht gern. Aber weil es so ist, dass gerade widerspenstige Wege und Leidvolles unseren Charakter wachsen lassen und uns zum Erreichen unserer Bestimmung führen, erreichen wir dies auf dem Weg des geringsten Widerstandes nicht.

Bist du nicht bereit, auf diesem Weg zu gehen, dem Weg des Wachsens angesichts der Widerstände, die dir im Leben begegnen, wirst du weder deine Bestimmung noch deine Berufung jemals erreichen. Dies bedeutet, dass du dich fragen musst: Will ich meine Entscheidungen länger abhängig machen von dem, was „fein", „nett" oder „schön" ist, oder von dem, was „gut und wahr" ist und mich herausfordert?

Die Erhabenheit und die Teufel in der Wüste

In der Bibel, im Hebräerbrief, steht:

„So ist es auch kein Widerspruch, dass Gott – für den alles geschaffen wurde und durch den alles ist – seinen Sohn durch das Leiden am Kreuz zur Vollendung gelangen ließ. Dadurch hat Jesus den Weg für viele Menschen gebahnt, die er als Gottes Kinder in sein herrliches Reich führt." Hebräer 2,12

Für Jesus war das Leiden der Weg zur Vollkommenheit. Und aus dieser Erfahrung brach eine Entwicklung, etwas Neues, hervor.

Leid hat aber auch noch eine andere Seite und das ist die der Freude. Menschen, die Leidvolles erfahren haben, wissen auch, was echte Freude ist und schätzen sie in einem besonderen Maße. Menschen wiederum, die alles Mögliche unternehmen, um dem Leiden möglichst aus dem Weg zu gehen, werden jedoch vermutlich wohl niemals verstehen, was tiefste, echte Freude bedeutet.

Eine Metapher, die diesen Leidensweg von Freude und Wachstum ausgezeichnet in sich vereint, ist das Bild der Wüste. Alle herausragenden Persönlichkeiten dieser Welt haben Wüstenzeiten erlebt – eben wörtlich genommen oder in einem übertragenen Sinne seelisch. Man denke nur zum Beispiel an die großen Namen aus der Bibel: Abraham, Moses, David, Elia und natürlich Jesus. Sie alle haben erfahren, was es bedeutet, eine Zeit des Lebens in der Wüste zu verbringen.

Die Wüste ist laut der Bibel ein ambivalenter Ort: Sie ist ein Ort der Dürre und des Todes, aber auch ein Ort der Herrlichkeit und tiefer Freude. Sie ist der Ort, an dem man dem Widersacher und der Finsternis begegnen kann – sowohl den Teufeln in wie auch außerhalb von dir. Sie ist aber auch der Ort – was diese Auseinandersetzung betrifft –, der eine Veränderung bewirkt. Moses' Charakter beispielsweise wandelte sich binnen vierzig Jahren in der Wüste derart, dass der ehemals gewalttätige zu „dem sanftmütigsten Mann auf Erden" wurde. Warum? – Weil er die dunkle Macht von Ungeduld und Bosheit in seinem Herzen erkannte und Gottes heilende Veränderung zuließ. Selbst Jesus machte die Erfahrung, was es bedeutet, in dieser Art der Wüste zu stecken: Er wurde zwar vom Teufel in die Versuchung geführt, doch er widerstand der Verlockung der angebotenen Genüsse und Macht und fand darin zu Freiheit und Klarheit.

Die Wüste ist also nicht nur ein Ort der Teufel und Dämonen. Die Wüste ist auch ein Ort, der uns in eine Klarheit führt. Einmal war ich (Henk) mit einem guten Freund, Theo van den Heuvel, in der mongolischen Wüste unterwegs. Zwölf Tage lang gaben wir den dort lebenden Jugendlichen Sportunterricht. Und Theo schrieb anschließend:

„Nach zwölf Tagen in der Wüste begreife ich wie nie zuvor, warum Männer wie Moses, David, Johannes der Täufer und selbst Jesus in der Wüste eine Bestätigung erlebt haben und auf ihre Berufung vorbereitet wurden: Denn wo alles verschwindet, mit dem

wir Menschen uns sonst schmücken und umgeben, kommt Gottes pure Größe zum Vorschein. Ich glaube wirklich, dass es eine Strategie Satans ist, uns Menschen mit allem möglichen Lärm und Firlefanz, mit Verzierungen und dem ganzen Geschrei darüber, was wir im Leben alles nötig hätten, um endlich bei uns selbst anzukommen, zu betäuben. Mitten in der Wüste aber, wo es all diesen Lärm nicht gibt, kann man die Dinge wieder neu wertschätzen und klar sehen. Letzten Endes reduziert sich dort alles auf das Wesentliche, worum es wirklich geht. Und da war es für mich herrlich und unheimlich beeindruckend, tief im Herzen wieder die Wahrheit zu spüren: Ich will nichts anderes haben als nur dich, mein Gott! Ich habe in meinem Leben nichts nötiger als dich! Ich brauche dich! Und noch wichtiger und stärker war es für mich, Gottes Zusage deutlich zu hören: Du hast mich! – Darum geht es!"

Charakterschule

Im Brief an die Galater nennt Paulus neun Charaktereigenschaften, die Gottes Geist im Menschen formen will:

„Gottes Geist bringt in unserem Leben nur Gutes hervor: Liebe und Freude, Frieden und Geduld, Freundlichkeit, Güte und Treue, Besonnenheit und Selbstbeherrschung. Ist das bei euch so? Dann kann kein Gesetz mehr etwas von euch fordern!" Galater 5,22

Paulus' letzte Bemerkung hat etwas Zynisches: Jeder möchte diese Eigenschaften wohl gerne haben. Nur inwieweit wollen wir den Weg zum Erreichen dieser Eigenschaften auch beschreiten? Dass diese wunderbaren Eigenschaften eine „Frucht des Geistes" sind, klingt vielversprechend, ja vielleicht sogar einfach. Man könnte meinen, Gottes Geist mache seine stille Arbeit in uns und wir würden von alleine immer vollkommener und in dieser Hinsicht verändert.

Gottes Geist weiß jedoch um seine ganz eigenen Methoden, unseren Charakter zu formen. Eine Wüste bzw. eine Wüstenzeit spielt dabei eine beunruhigend große Rolle:

„Danach wurde Jesus vom Geist Gottes in die Wüste geführt, wo er den Versuchungen des Teufels ausgesetzt sein sollte." Matthäus 4,1

Kaum vorstellbar, oder? Gottes Geist führt Jesus. Nur wohin? In die Wüste! Um dort Segen durch die läuternde Erfahrung der Stille zu erfahren? Nein, um dort durch den Teufel in Versuchung geführt zu werden.

Gottes Geist führt Jesus nicht nur geradewegs in die Dürre und Leere, sondern auch mitten in eine Konfrontation auf Leben und Tod mit dem Meister des Todes, dem Teufel.

Wie kann ein guter Gott so etwas tun?

Und warum tut er es immer wieder?

So wie beim Volk Israel, das mit Millionen Menschen jahrzehntelang durch die Wüste zog und dort lebte. Die Reise von Ägypten nach Kanaan hätte innerhalb weniger Monate vorbei sein können, aber sie dauerte letztlich vierzig Jahre. Warum all diese Umwege durch die Wüste?

„Er war es, der euch durch die große, schreckliche Wüste geführt hat, wo Giftschlangen und Skorpione lauerten. In diesem ausgedörrten Land ließ er für euch Wasser aus dem harten Fels hervorquellen und gab euch Manna zu essen, das eure Vorfahren nicht kannten. Durch diese schwere Zeit wollte er euch auf die Probe stellen, um euch danach umso mehr mit Gutem zu beschenken." 5. Mose 8,15–16

Gott führte sein Volk in die Herausforderung und Probleme, um zu sehen, wie es in den Herzen der Menschen aussah. Er wollte ihren Charakter prüfen und ihnen die Möglichkeit geben zu wachsen. So wie er zu Hosea sagt:

„Ich will sie in die Wüste bringen und in aller Liebe mit ihr reden." Hosea 2,16

Manche Dinge, die Gott dir sagen will, kannst du nur in der „ohrenbetäubenden Stille" einer Wüste hören. Manches, das Gott dir beibringen will, lernst du eben nur in der Leere, Einsamkeit und Erhabenheit einer Wüste. Denn dort geht es nur um zwei Dinge: um dich und Gott. Und wenn denn deine ganze Umgebung eine riesige Herausforderung ist, beginnt das große Ringen. Du kannst dann vor deinen Problemen nicht länger davonlaufen. Weder hast du Menschen um dich herum noch kannst du dich ablenken oder hinter der Arbeit verstecken. Es geht letztlich um das Wesentliche – um das Leben. Dein Leben. Und deinen Charakter.

Ein Leben lang lernen

Gottes Geist bewirkt die Frucht im Leben des gläubigen Menschen. Nur um diese ans Licht zu bringen, benutzt er Wüstenzeiten, denn in ihnen wird ein Herz geprüft. Dort wird Charakter geformt.

In Johannes 15, in seiner Rede über den Weinstock und die Reben, spricht Jesus über das Hervorbringen von Frucht. Sie steht als ein Bild für Charakterentwicklung. Und die Bereitschaft, den eigenen Charakter formen und schleifen zu lassen, ist eine Voraussetzung dafür, die eigene Bestimmung zu erreichen.

„Alle Reben am Weinstock, die keine Trauben tragen, schneidet er ab."
Johannes 15,2

Keine Frucht hervorzubringen ist für das Leben eines Christen keine Option. Doch viele von uns haben ein Leben lang Schmerz und Risiko vermieden und nahezu fachmännisch alle Möglichkeiten umgangen, um Frucht zu tragen. Frucht hervorbringen aber kann nur derjenige, der bereit ist, in den Fußstapfen Jesu den

Schwierigkeiten und Problemen die Stirn zu bieten. Das ist eine Berufung! Es geht nicht um eine Wahl, bei der du dich für oder gegen eine Sache entscheiden kannst, um danach möglichst fröhlich weiterzuleben. Denn der einzige Weg, um ein erfülltes Leben mit Jesus zu finden, ist dem Weg zu folgen, auf dessen Wegweiser steht: *Wachstum durch Widerstand.*

„Dazu hat euch Gott berufen. Denn auch Christus hat für euch gelitten, und er hat euch ein Beispiel gegeben, dem ihr folgen sollt." 1. Petrus 2,21

Warum hat Jesus so gelebt, wie er gelebt hat? Damit wir erkennen können, wie ein Leben voller Wahrheit, Wachstum und Fülle aussieht. Ein Leben von intensiver Freude, Mitgefühl und Begeisterung, das weder Gefahren noch Mühe scheut und an seinem Ende offenbart, wie durch das Leiden hindurch Vollkommenheit entsteht.

Jeder Mensch, der nur den einfachen Weg wählt und sich diesem Wachstum entzieht, indem er auf Arbeit, Vergnügen, Sport, Internet oder sonst was setzt, schneidet sich selbst von diesem Leben ab. Wer andererseits sich für den Lebensstil von Jesus und das Wachstum entscheidet, erlebt, dass sich dieses Leben vervielfacht.

„Aber die Frucht tragenden Reben beschneidet er sorgfältig, damit sie noch mehr Frucht bringen." Johannes 15,2

Menschen, die sich für Charakterentwicklung entscheiden, wählen für sich ein Leben, das gekennzeichnet ist durch Wachstum. Und dieser Prozess ist, so wie wir bereits gesehen haben, oft schmerzhaft. Im Bild des Weinstocks wird es sogar beschrieben als einen göttlichen Beschnitt. Und in der Versuchungsgeschichte von Jesus als Sendung in die Wüste. Beides meint im Grunde das Gleiche: Gott führt dich in einen Prozess, in dem du die echten Probleme des Lebens in Augenschein nehmen musst und wo du, während du strauchelst, hinfällst, wieder aufstehst und weitermachst, Charakterentwicklung erlebst. Im Grunde geht es um den Kern von Jüngerschaft:

„Wenn ihr viel Frucht bringt und euch so als meine Jünger erweist, wird die Herrlichkeit meines Vaters sichtbar." Johannes 15,8

Was zeichnet letztlich einen Jünger Jesu aus? – Dass er gewillt ist, seinen Charakter von Gott formen und verändern zu lassen, und dass sich mit Gottes Hilfe die Frucht des Geistes in seinem Leben entfaltet. Er ist ein Mensch, der den Mut hat, sich Gottes Beschnitt zu unterziehen und dem Teufel und der Erhabenheit der Wüste ins Auge zu sehen. Und das erfordert in seinem Leben viel Disziplin, denn jede Faser seines Körpers, der gerne nur mit sich selbst zufrieden ist, schreit *Nein* gegen die Gefahr, Komfort zu verlieren und das Ich sterben zu lassen. Doch ein Jünger führt ein Leben voller Disziplin. Er ist bereit, Schmerzen zu ertragen für das größere Ziel: in der Beziehung mit Gott weiterzukommen und dadurch Gott zu verherrlichen.

Ich (Henk) liebe es zu laufen. Beim Lauftraining sind die oben aufgeführten Prinzipien ähnlich anwendbar. Möchte man seine Ausdauer steigern, hat man wiederholt über seine Grenzen hinaus zu trainieren. Durch den Widerstand in diesem etwas intensiveren Training erweitern sich die Lungenkapazität und Regenerationsfähigkeit. Trainiere ich allerdings nur auf einem Level, bei dem ich nie aus der Puste komme oder mich selbst bis zum Äußersten verausgabe, werde ich wohl nie ein größeres Laufpensum absolvieren können.

Der Jünger muss diszipliniert genug sein, seiner Angst vor Schmerzen begegnen zu können. Vielleicht gibt es in deinem Leben Beziehungen, die du wiederherzustellen hast, aber du scheust seit Monaten, vielleicht sogar seit Jahren ein klärendes Gespräch und gehst dieser Konfrontation lieber geflissentlich aus dem Weg. Stattdessen füllst du die unverhofften Begegnungen zwischen euch mit belanglosen und oberflächlichen Gesprächsthemen, während das Problem weiter zwischen euch bestehen bleibt. Willst du aber der Frucht des Geistes in deinem Leben Raum geben und Ausdruck verleihen, solltest du das schwierige Gespräch angehen. Vielleicht aber treibt dich auch ein anderes Problem umher. Vielleicht spürst du an dir selbst, dass es an der Zeit ist, deinem Umgang mit Gott neues Leben einzuhauchen und dich für weniger Schlaf, weniger Fernsehen oder weniger Zeitung zu entscheiden, sodass du neu Zeit, Raum und Ruhe gewinnst, deine Gedanken mit der göttlichen Wahrheit füllen zu lassen. Vielleicht ist es aber auch an der Zeit, dich nicht länger von deiner Arbeit bestimmen zu lassen, sondern dass du den Menschen, die Gott dir anvertraut hat, die Zeit und Aufmerksamkeit schenkst, die sie verdienen.

Wie sich Wachstum anfühlt

Persönliches geistliches Wachstum verläuft niemals geradlinig. Zum Glück! Denn aus der Medizin wissen wir, dass nahezu jede gerade Linie den Tod bedeutet. Leben äußert sich vielmehr durch organische Wellenbewegungen. Insofern geschieht auch geistliches Wachstum immer in einer Wellenbewegung, denn es besteht aus Höhe- wie Tiefpunkten, die aber insgesamt nach oben zielen, im Sinne einer positiven und zunehmenden Entwicklung.

Wenn sich der eigene Charakter weiterentwickelt, hat das ganz viel mit Freude zu tun. Mit einer intensiven, himmlischen Freude, denn schließlich folgt man dem Beispiel von Jesus und man ist unterwegs, ihm immer ähnlicher zu werden. Andererseits begegnet man Tälern. Sie sind voller Tränen, Melancholie, Schmerz und Depressionen. Wenn man mehr und mehr von dem verliert, was das alte Ich zuvor ausgemacht hat, ist das kein einfacher Prozess. Oft weiß man nicht, warum dieser oder jener Schnitt notwendig ist bzw. von Gott zugelassen wird. Es handelt sich also um ein Leben voller Höhen und Tiefen, das sich deutlich absetzt von jenem oberflächlichen, das ständig auf der Suche nach ultimativen Erfahrungen ist, aber wirkliches Wachstum vermeidet.

Immer wieder sprechen wir mit Menschen, die lange Zeit ohne Gott gelebt haben, ehe sie ihm ihr Vertrauen geschenkt und ihr Leben geändert haben. Die ersten Tage, Wochen, vielleicht sogar Monate scheinen sie wie auf einer großen rosa Wolke zu leben. Dann aber, nachdem sie die größte Freude in ihrem Leben fanden, überfällt sie die Depression. Meist haben diese Menschen keinen blassen Schimmer, wie es dazu kam, dass sie sich plötzlich so niedergeschlagen fühlen. Manchmal seufzen sie sogar: „Hätte ich mich nur nicht bekehrt, dann hätte ich jetzt jedenfalls nicht diese unheimlichen Gefühle."

Was sich bei ihnen abspielt, ist ein sehr menschliches Phänomen und Ausdruck von Wachstum. Wenn wir unser Leben ohne Gott führen, sind unsere Sinnesorgane mit allerlei Reizen und Eindrücken aus unserer Umwelt verstopft, unsere gottgegebenen Charaktereigenschaften sind mitunter in Schieflage geraten und etliche Verhaltens- und Denkmuster haben sich gebildet. Wenn dann in einem solchen Lebenskomplex die Klarheit und Reinheit der Herrlichkeit Gottes Raum einnimmt und das Leben neu ausfüllt, fällt auf einmal vieles weg, worauf man zuvor sich verlassen hatte und sein Leben stützte. Du nimmst Dinge wahr, die du zuvor nicht gesehen hast. Du fühlst Dinge, die du zuvor nicht so empfunden hast. Du hast einen anderen Blick gewonnen für die Menschen in deiner Umgebung. Du blickst anders auf die Natur als Schöpfung Gottes. Und alle möglichen Beziehungen – zu Freunden, Kollegen und der Familie – werden mit einem Mal anders bewertet und erhalten einen anderen Platz in deinem Leben. Von daher ist es wenig verwunderlich, dass ein solch tiefer, intensiver und plötzlicher Veränderungsprozess mit Depressionen, Verdruss und Melancholie einhergehen kann. Doch diese Entwicklung gehört zum Wachstumsprozess mit dazu. Gerade dass du dieses Tal durchschreitest, zeigt, dass du am Wachsen bist. Fürchte dich also nicht vor solchen Tälern. Lauf nicht einfach weg, wenn du auf deinem Weg mit schmerzhaften Momenten konfrontiert wirst. Gib Gott die Möglichkeit, dich zu deiner wahren Größe heranwachsen zu lassen. Die wirkliche Größe eines Menschen zeigt sich oft in seiner Fähigkeit zu leiden.

Dein Rücken ist nicht geschützt

Im Wachstumsprozess hat man immer die Wahl: Entscheide ich mich für Wachstum, auch wenn das manchmal weniger erfreulich ist, oder entziehe ich mich der Herausforderung und bleibe stehen, dort wo ich stehe? Oder anders formuliert: Lässt du dein Leben von Angst oder Liebe und Mut bestimmen? Angst hält unser Leben immer klein – so sehr du auch auf der Suche sein magst nach kurzlebigen Kicks und Adrenalinstößen, die dich schnell, aber gleichwohl die wahren Probleme vermeidend, lebendig fühlen lassen. Leben hingegen, das den Mut mit sich bringt, Freude und Leid anzunehmen und zu durchleben, ist die Art von Leben, die eine Berufung auf Erden erreichen wird.

In dem Klassiker *Die Pilgerreise* von John Bunyan wird die Geschichte eines einfachen Menschen namens Christ erzählt, der eine Reise unternimmt aus der *„Stadt der Zerstörung"* (irdische Welt) hinaus in die *„Himmlische Stadt"* (Himmel). Unterwegs ist er mit allerlei Herausforderungen und Gefahren konfrontiert. Im Tal der Demütigung begegnet Christ einem abscheulichen teuflischen Wesen, Apollyon. Wie ein Fisch ist es vom Kopf an mit Schuppen bedeckt, hat Flügel wie ein Drache, Pfoten wie ein Bär, aus seinem Bauch kommen Feuer und Rauch und sein Maul gleicht dem eines Löwen. Christs erster Gedanke ist zu flüchten. Da aber fällt ihm ein, dass er keine Waffe besitzt, um während der Flucht seinen Rücken zu schützen. Sobald er fliehen würde, könnte Apollyon ihn leicht mit einem seiner Pfeile erschießen und er würde sein Leben verlieren. Christ merkt schnell, dass seine beste Überlebenschance darin liegt, der teuflischen Erscheinung mit den Waffen, die Gott ihm gegeben hatte, entgegenzutreten: mit Brustpanzer, Schild, Schwert und Helm.

Es sind die Waffen der nach Epheser 6 sogenannten geistlichen Waffenrüstung, die vornehmlich der Verteidigung dient. Aber sie eignen sich auch als Angriffswaffen. Mit einem Schild kann man jemandem gut einen Schlag versetzen. Und letztlich benutzten erfahrene Kämpfer wie beispielsweise römische Soldaten oder Gladiatoren in ihren Schlachten und Mann-gegen-Mann-Kämpfen alle nur erdenklichen Teile ihrer Rüstung sowohl für den Angriff als auch zur Verteidigung.

Die Fragen, die du jedoch zu beantworten hast, lauten: Traust du dich, dich dem Feind, wie auch immer er aussehen mag, zu stellen und deinen Blick nach vorn zu richten? Was willst du? Wachsen oder flüchten?

Wozu und warum

Für gewöhnlich reagieren Menschen angesichts von Herausforderungen und Schwierigkeiten auf zwei Arten. Die einen stellen unvermittelt, vielleicht sogar mit einem verzweifelten oder bösartigen Ton, die Frage nach dem Warum. *Warum dieses Elend? Warum all diese Mühe? Warum diese Ungerechtigkeit?* Die anderen fragen angesichts genau derselben Umstände: *Wozu? Wozu dient das? Was will Gott mir hiermit beibringen? Welche Lehren kann ich hieraus ziehen?*

Ähnlich kann man es auf unser Bild übertragen. Ein Adler, der sich die Sturmböen zunutze macht und immer höher getragen wird, landet letzten Endes nach dem Sturm und wird sich fragen: *Wozu?* Er konnte den Sturm aus einer anderen Perspektive, aus einer göttlichen Perspektive heraus sehen. Die am Boden laufenden Hennen hingegen, die vom Sturm umhergewirbelt und auf den Boden gedrückt wurden, fragen: *Warum?* Sie sehen den Sturm nur aus ihrer Perspektive, die oft unserer menschlichen ähnelt, und versäumen so die Möglichkeit am Sturm zu wachsen.

Vor einigen Jahren verlor ich (Eugène) aufgrund verschiedener Umstände meinen Job. Jahrzehntelang hatte ich mich ihm mit Herz und Seele verschrieben. Wenngleich ich mir immer bewusst gemacht hatte, dass mein Beruf unabhängig von meiner Identität war, schien es von da an nicht so zu sein. Ich erlebte einen enormen Schmerz. Es fühlte sich an, als ob ein Stück aus meinem Leben geschnitten würde. Viele Dinge, die mir widerfuhren, begriff ich nicht. Was ich aber wusste war, dass ich eine Wahl hatte. Ich konnte mich entscheiden aufgrund dieser Umstände böse und verbittert zu werden – was der logischste Weg gewesen wäre – oder ich konnte mich entscheiden, den Weg der Läuterung und Weisheit einzuschlagen. Ich konnte wählen zwischen *Warum?* und *Wozu?* In dieser für mich sehr schwierigen Zeit bekam ich von einer jüngeren Führungskraft eine E-Mail, in der mich diese Person auf die Tatsache aufmerksam machte, dass Gott diese Situation womöglich benutzte, um meine Leiterschaft, die im Laufe der Jahre einseitig geworden war, zu verändern. In dem Augenblick, als ich diese Worte in der E-Mail las, wusste ich, dass die Person damit recht haben sollte. Ich steckte in einer Wüstenzeit, die für mich zur Lebensschule wurde. Gott wollte mich verändern, mich daran reifen und mich in meiner Entwicklung wachsen lassen. Heute kann ich sagen, dass Gott diese meine persönliche Tragödie dazu nutzte, um mich mehr zu dem Menschen zu machen, wie er mich haben wollte.

CHARAKTER

Während seines Flugs erreicht ein Adler eine Geschwindigkeit zwischen 50 und 80 Stundenkilometer. Meist fliegt er in einer Höhe von ein paar Hundert Meter. Ist der Adler auf der Suche nach einem neuen Revier, fliegt er einige Kilometer hoch. Zieht aber ein Sturm auf, kann dieser ihn noch höher hinaufschweben lassen. Der Adler lässt sich dabei durch die zunehmenden Winde bis über den Sturm emportragen. Ist aber der Adler während des Sturms bei seinem Nistplatz, breitet er seine Armschwingen schützend über seine Jungen aus.

Manchmal gerät ein Adler beim Jagen von Fisch ins Wasser. Das kann unter anderem dann passieren, wenn der Fisch zu schwer ist und der Adler ihn nicht loslassen will. Ist aber der Adler erst einmal im Wasser, kann er von dort nicht mehr wegfliegen. Seine Flügel sind nun durch das Wasser zu schwer. Ist ein Ufer in Reichweite, „schwimmt" der Adler mit ruhigen, entschlossenen Schlägen dorthin. Ist der Weg aber zu weit oder kein Ufer in Sicht, kann der Adler an Erschöpfung oder Unterkühlung sterben.

6

Balance

Ohne Schwanz stürzt du ab

„Aus weiter Ferne stürmen ihre Reiter heran; sie fliegen
herbei wie Adler, die sich auf ihre Beute stürzen."
Habakuk 1,8

Ein Adler, der sich für seinen Sturzflug bereit macht.

Das arme Kaninchen ist dem Tode geweiht. Der in der Höhe kreisende Adler hat es aus Hunderten Meter Entfernung fokussiert und er ist hungrig. Darum beeilt er sich. Er schnellt im Sturzflug hinunter – die Flügel gekrümmt, seine Füße nach hinten gestreckt und den Kopf furchterregend auf die Beute ausgerichtet. Mit Hunderten Stundenkilometer fliegt der Adler auf das Kaninchen nieder. In Sekundenbruchteilen kommt der Adler seiner Beute näher und näher ... und mit einem enormen Knall schlägt der Adler in die Erde ein. Mit dem Kopf zuerst. Genauer gesagt mit dem Schnabel. Fast sein ganzer Körper ist von der Erde verschluckt, nur ein zerknautschter Fuß ragt noch eben so aus dem Erdhügel, der ihn jetzt begräbt. Etwas verdutzt, aber dann lächelnd, hoppelt das Kaninchen weg, so als wäre nichts gewesen. Gerade noch einmal Glück gehabt, denn dieser Adler hatte keinen Schwanz ...

Diese verunglückte Jagd erinnert an eine Szene aus der „Sesamstraße" und einen dort sich immer wiederholenden Running Gag: „Ist es ein Vogel? Ist es ein Flugzeug? Nein, es ist Supergrobi!" – der aus dem Himmel herabstürzt und begleitet von einem großen Knall, dem Staubwolken und Gestöhne folgen, sich nach der Bruchlandung wieder aufrappelt.

„Supergrobi" legt eine Bruchlandung hin, weil auch er keinen Schwanz besitzt.

Jeder, der ohne Schwanz fliegt, ist dem Tode geweiht! Einem Adler ist es möglich, mit mehr als 300 Stundenkilometer auf seine Beute zu stürzen. Augen, Schnabel, Füße und Flügel können dabei in noch so perfekter Harmonie sein, aber ohne die Funktion seines fächerförmigen Schwanzes wird es dem Adler nicht gelingen, Beute zu fangen. Dieser Körperteil mit seinen prächtigen Schwanzfedern ist für einen Adler von entscheidender Bedeutung, auch wenn es im übertragenen Sinne darum geht, die eigene Bestimmung und Berufung zu erlangen. Denn der Schwanz des Adlers ist unabdingbar für seine Flugnavigation. Mit ihm bremst, steuert und bleibt er im Gleichgewicht. Das sind drei entscheidende

Funktionen, die für ihn lebensnotwendig sind, die aber auch in unserem Leben gut funktionieren müssen, wenn wir nach unserem ersten Sturzflug noch anderen darüber berichten wollen.

In unserem Leben brauchen auch wir einen solchen „Schwanz", der diese Funktionen erfüllt, während wir durch unser Leben schweben, gleiten, stürzen oder kraftvoll fliegen. Denn du kannst so hart arbeiten wie du willst, so viel versuchen wie du willst, so weit reisen wie du kannst, aber du wirst nie zu deiner Bestimmung gelangen, wenn du nichts hast, was dich im Leben in Balance hält. Es ist wichtig, darum zu wissen, wie es dir gelingt, abzubremsen, dich auszurichten und deinen „Flug" zu korrigieren.

Funktion 1: Bremsen

Entwicklungen und Neuerungen in unserer Welt waren stets begleitet von Versprechen: Das Auto würde den Menschen Entspannung bringen, denn nun brauchte man selbst nicht mehr zu laufen bzw. sich um sein Pferd zu kümmern. Der Computer würde den Menschen Entlastung bringen, denn nun brauchten nicht mehr endlose Archive angelegt und alles immer wieder neu geschrieben werden. Das Internet würde vieles vereinfachen, denn nun konnte man alles schnell suchen und etliches von zu Hause regeln. Mobiltelefone würden es den Menschen erleichtern, miteinander zu kommunizieren, denn jetzt brauchte man nicht mehr eine Telefonzelle suchen und konnte seine Lieben zu jeder Zeit wissen lassen, wo man war.

Allen hoffnungsvollen Versprechen zum Trotz – viele dieser Dinge haben uns zwar Fortschritt und viel Gutes gebracht, nicht aber Entspannung. Die Welt dreht sich immer schneller. Wir können immer mehr leisten in immer kürzerer Zeit. Unser Gehirn kann mit diesem schnellen und immerwährenden Wandel vielleicht noch Schritt halten, aber unsere Seele oft nicht. Wir gleichen allzu oft dem Adler, der mit Hunderten Stundenkilometer auf seine Beute zuschnellt. Aber wissen wir noch, wo die Bremse ist?

Ein Problem ist: Wir machen oft einander verrückt. Jeder ist bemüht, stets schneller, besser, zielstrebiger, weiter und erfolgreicher zu sein – also machen wir auch mit. Und Untersuchungen belegen, dass eine der wichtigsten Voraussetzungen für das Empfinden von Glück das Gefühl ist, mehr zu besitzen als andere. Also, wenn der Klassenkamerad, der Nachbar, der Kollege ein wenig mehr besitzt, etwas schneller läuft, etwas Neueres kauft, dann wollen wir mithalten. Wir wollen überlegen sein, ein kleines bisschen mehr haben als er.

Dieses ständige Mithalten-Wollen hat zur Folge, dass sich permanente Eile in unser Leben eingeschlichen hat. Der Wecker neben dem Bett wird so zum Startschuss eines täglichen Wettstreits in unserem Leben, der mehr den Charakter eines Sprints hat als den eines Marathons oder Spaziergangs. Das Frühstück wird ausgelassen oder vielleicht durch etwas anderes ersetzt, wir hetzen uns ab, um anschließend mit allen anderen im Stau zu stehen, nehmen uns der Stapel an Arbeit an, die scheinbar nie kleiner werden, halten uns in sozialen Netzwerken mit unseren digitalen Freunden auf dem Laufenden, informieren uns nebenbei über die neuesten Nachrichten und Trends, sputen von Meetings zu Verabredungen und brechen abends erschöpft auf der Couch vor dem Fernseher zusammen und sind dann zu müde, um zu begreifen, wofür wir eigentlich so hart mit uns selbst umgehen. – Permanente Eile und das ganze Getriebensein nimmt uns etwas von unserer Menschlichkeit.

In einem Experiment am Theologischen Seminar der amerikanischen Universität Princeton bekamen Theologiestudenten den Auftrag, einen Vortrag zu halten. In einem separaten Raum konnten sich die Probanden auf ihre Präsentation vorbereiten. Dann unterhielten sich die Wissenschaftler ein wenig mit den Studenten – die eine Hälfte wurde über ihre Berufspläne befragt, mit der anderen Hälfte unterhielten sich die Wissenschaftler zufällig über das Gleichnis vom barmherzigen Samariter. Danach sollten sie einen kurzen Fragebogen ausfüllen und in ein anderes Büro auf dem Campus bringen. Einem Teil der Studenten wurde dabei gesagt, dass sie spät dran wären und sich beeilen müssten. Den anderen wurde mitgeteilt, dass sie genügend Zeit hätten und dass sie ganz in Ruhe zum anderen Gebäude laufen könnten. Der Weg zu dem besagten Büro war jedoch präpariert. Auf halber Strecke befand sich ein Mann, dem es nicht gut ging. Lädiert, hustend, schnaubend und die Augen bereits geschlossen. Es war jemand, der ganz offensichtlich Hilfe benötigen könnte. Von den Studenten, die genügend Zeit hatten, stoppten mehr als die Hälfte, um dem Mann zu helfen. Von den Studenten, die es eilig hatten, hielten nur zehn Prozent an. Und von denjenigen, die noch das Samariter-Gleichnis im Kopf hatten, stoppten immerhin 53 Prozent. Nur umgekehrt bedeutet das, dass knapp jeder Zweite trotzdem den Mann tatenlos passierte.

Eile macht weniger menschlich. Wenn man nur in seine eigene Welt verwickelt ist, mit ihren Deadlines und Zielen, werden Menschen zu einer wenig willkommenen Unterbrechung. Und man verliert es zunehmend, sich auf die Chance einzulassen, anderen Nächstenliebe und Mitgefühl zuteilwerden zu lassen.

Die Kunst, den Anfang zu machen

Ein Adler verbraucht beim Fliegen die meiste Energie während der ersten paar Meter. Das Positionieren auf seinem Adlerhorst, die ersten kräftigen Flügelschläge und das Verringern des Abstandes zum ersten thermischen Aufwind verbraucht etwa zwanzig Mal so viel Energie wie das Schweben im Aufwind.

Etwas zu beginnen kostet immer viel Energie. Darum sind wir als Menschen auch besonders gut darin, den Beginn von etwas, das wir scheuen, stets zu verschieben.

Einer der Ratschläge Benedikts von Nursia, dem Vater des abendländischen Mönchtums und einem Meister im Umgang mit Zeit und Lebensführung, ist der, die Zeit zwischen Appell (der Aufforderung mit etwas zu beginnen) und Antwort (der tatsächlichen Reaktion auf den Appell) möglichst kurz zu halten. Das heißt, wenn du am Morgen an deinem Arbeitsplatz einen wichtigen Auftrag (Appell) erhältst, könntest du hingehen und deinen Tag erst damit beginnen, E-Mails zu bearbeiten, Telefonate zu erledigen und Besprechungen zu führen. Zwar hast du dann schon angefangen zu arbeiten, aber für die eigentlich wichtige Arbeit hast du noch keinen Finger gekrümmt. Die Antwort ist bislang ausgeblieben.

Gleiches gilt für das Pflegen der Beziehung mit deiner Ehefrau bzw. deinem Ehemann. Ein gutes Gespräch zu beginnen, fällt nicht immer leicht. Den Anfang zu machen, kostet vielleicht Kraft und ist schwierig. Nur was willst du wirklich? Nähe und partnerschaftliche Intimität oder ein endloses Palavern über dies und das und letztendlich über nichts? Oft ist es weise, das zu sagen, was man auf dem Herzen hat oder einfach mit der Tür ins Haus zu fallen. Somit sorgt man zumindest für einen Anfang. Übe dich also darin, mit dem zu beginnen, mit dem du auch wirklich anzufangen hast.

Die Kunst aufzuhören

Fliegt der Adler auf seine Beute im Sturzflug nieder, muss er auch abbremsen, um seine Beute ergreifen zu können. Dabei hilft ihm sein Schwanz, der mit seinen starken Federn als Bremse fungiert. Insofern wird die Beute niemals im Sturzflug gefangen, sondern immer beim „Anhalten". Das Ganze ist also ein fein aufeinander abgestimmtes Zusammenspiel von einem pfeilschnellen Angriff und einem radikalen Abbremsen, das dafür sorgt, dass der Adler seine Beute überhaupt fangen kann.

Und auch wir als Menschen brauchen diese Fähigkeit, zu gegebener Zeit, wenn sich alles wie im Sturzflug anfühlte, wieder abbremsen zu können. Gut mit etwas zu beginnen ist daher genauso eine Kunst wie gut mit etwas aufzuhören.

Aufzuhören und einen Halt einzulegen ist jedoch oft leichter gesagt als getan, vor allem wenn man sich gerade in einem guten Workflow befindet oder an eine Deadline des Arbeitgebers gebunden ist. Doch letztlich ist es überaus wichtig, rechtzeitig zu wissen, wann man auf die Bremse zu gehen hat, um am Ende die „Beute" für sich erlegen und vor allem genießen zu können. So wie es auch Wil Derkse, Autor des populären Buchs „Een Levensregel voor beginners" (Eine Lebensregel für Anfänger), ausdrückt:

„Zu lange weiterzumachen ist fast gleichbedeutend mit ‚Fehler machen'."

Die Benediktinermönche sind Meister darin, was es heißt, die Kunst des Beginnens und Aufhörens zu pflegen. Als ich (Henk) mit einer Gruppe junger Führungskräfte aus unserer Gemeinde in einem Benediktinerkloster war, um Exerzitien mitzuerleben, nahm ich etwas von diesem besonderen Lebensrhythmus wahr. Die Mönche haben allerlei Aufgaben im und ums Kloster zu erledigen. Sie arbeiten in der Küche, putzen, arbeiten als Buchhalter, Sekretär, Schatzmeister oder Gastgeber und haben bei ihrer Arbeit diverse Ziele zu erreichen. Aber sobald die Glocke läutet, um an die festen Gebetszeiten zu erinnern, lässt jeder seine Arbeit unmittelbar ruhen und begibt sich in die Halle, um zu beten. Danach kehrt jeder wieder zu seiner Beschäftigung zurück. Und obwohl im Kloster vieles geleistet wird, herrscht an diesem Ort eine wohltuende Ruhe.

Diese Lebensweise der Mönche hat mich (Henk) inspiriert, besser darin zu werden, der Arbeit Einhalt zu gebieten. Von Natur aus bin ich jemand, der es liebt zu arbeiten und sich auf die Dinge zu konzentrieren. Aber ich habe gelernt, wie wichtig es ist, ganz bewusst zu pausieren für das Mittag- und Abendessen, selbst wenn ich gut im Arbeitsprozess stecken sollte oder wichtige Sachen noch nicht beendet habe. Ich höre dann auf, lasse mich unterbrechen und schreibe die Dinge, die ich wirklich nicht vergessen darf, auf. Und ich stelle immer wieder fest, wie gut mir diese Unterbrechungen tun. Sie schenken mir neue Energie, sodass ich letztlich länger und auf einem höheren Niveau bei der Sache bleiben und Leistung erbringen kann.

Funktion 2: Korrigieren

Die Beute eines Adlers ist kein statisches Objekt. Ein Kaninchen wird niemals ruhig sitzen bleiben, bis der Adler es packt. Und der Fisch im Wasser wird auch nicht denken: „Ach, mein Leben ist doch so gut wie vorbei, also kann ich mich doch auch dem Adler da oben schenken." Beutetiere sind lebendig und beweglich, und sie werden alles in ihrer Macht Stehende tun, um dem Adler zu entkommen. Wenn ein Adler also seine Beute angreift, muss er dauernd auf ein sich ständig veränderndes Ziel reagieren und sich neu fokussieren. Die Funktion seines Schwanzes ist ihm dabei eine unabdingbare Hilfe, denn mit seinen Schwanzfedern korrigiert er seinen Flug so, dass er der Beute blitzschnell folgen kann.

Unser Leben verhält sich niemals konstant. Alles um uns herum ist im Fluss und verändert sich ständig. Insofern brauchen wir eine Flexibilität, die sich immer wieder neu ausrichtet, damit wir mit den Umständen, die wir uns nicht ausgesucht haben, umgehen und zurechtkommen können.

Ein Leben ohne Halt

Viele Menschen leben ihren Alltag ohne haltzumachen. Weil sie nicht wissen, wie sie die Bremse in ihrem Leben anzuwenden haben, sind sie fortdauernd Getriebene. Sie hetzen sich ab. In einem Tempo, das eigentlich viel zu schnell ist. Die Folge: Sie fühlen sich erschöpft und überfordert.

In den Niederlanden sind jährlich an die 30 000 Menschen zwischen 35 und 55 Jahren überarbeitet – ein Arbeiter alle dreieinhalb Minuten. Aber selbst noch Jüngere verrennen sich in ihren To-dos. Heutzutage ist es nicht mehr ungewöhnlich, dass selbst Studierende über Erschöpfungsdepressionen, Burnout, klagen oder Schüler die vielen Anforderungen nicht mehr verkraften. Der Arbeitsdruck, die Leistungskultur, die Verantwortung, der endlose Weg nach oben ist vielen einfach zu viel. Selbst Urlaub und Ferien sind für viele zu Stressperioden geworden, angesichts Hunderter Menschen, die erst in dieser Zeit den Erschöpfungszustand von ihrer zuvor ausgesäten Arbeit ernten. Selbst das Gemeindeleben in vielen Freikirchen unterliegt dem Stress. Wenn dort die Anforderungen nach Verpflichtungen und Mitarbeit zunehmen, ist es nachvollziehbar, dass mehr und mehr Menschen diesen Kirchen Lebewohl sagen und sich wieder den Volkskirchen anschließen, weil sie dort Ruhe, Befindlichkeiten und vielleicht sogar Stille-Exerzitien finden, die sie suchen. Seien wir doch einmal ehrlich: Unser modernes Gemeindeleben hat an vielen Stellen etwas Aktionistisches an sich. Es gibt zahllose Angebote, Aufgaben und Betätigungen, alles gleichwohl nobel und gut, mit ausgewählten kleinen Predigthäppchen, ansprechender Musik und Gottesdiensten für verschiedenste Zielgruppen. Eugène und ich (Henk) sind selbst Mitglieder einer evangelischen Freikirche, aber ich muss bekennen, dass eine der schönsten Messen, die ich erlebt habe, eine durch Ehrfurcht, Ruhe und Licht gekennzeichnete Osterfeier in einer nahe gelegenen römisch-katholischen Kirche war.

Die Bedeutung von Spannung

Stress ist allerdings nicht nur negativ. Zuerst einmal bedeutet er Anspannung. Und um eine gute Leistung abliefern zu können, benötigen wir einfach ein gesundes Maß an Spannung. Man kann sich das vorstellen wie bei einer Geige. Ihre Saiten müssen gespannt sein, damit aus ihr schöne Klänge hervorgehen.

Durch verschiedene Experimente mit Ratten entdeckten die beiden Tierforscher Robert M. Yerkes und D. Dodson, dass eine bestimmte Menge an Stress notwendig ist, um etwas zu leisten. Sie fanden auch heraus, dass es so etwas wie ein optimales Stressniveau gibt. Übersteigt der Stress jedoch diesen Level, geht dies auf Kosten der Leistung. Die Ergebnisse der beiden Forscher sind festgehalten im sogenannten Yerkes-Dodson-Gesetz, das die Leistungsfähigkeit in Abhängigkeit von den unterschiedlichen

Erregungsniveaus beschreibt. Faktoren wie Angst, bestimmte stimulierende Mittel (wie beispielsweise Koffein), ein starker Leistungsdrang, mangelnder Schlaf und Umgebungslärm können Menschen für bestimmte Aktionsniveaus stimulieren, sogar so weit, dass sie etwas Außergewöhnliches leisten und komplizierte Handlungen gut ausführen. Jemand, der beispielsweise überfallen wird, kann durch plötzliche Angst dazu angeregt werden, nahezu übermenschlich zu handeln. Und eine Büroumgebung mit einer bestimmten Geräuschkulisse und Leistungskultur, in der man eine gute Tasse Kaffee trinkt, kann für ein positives Stressniveau sorgen, sodass der Arbeitnehmer gute Leistung hervorbringt. Werden jedoch Angst, Umgebungslärm oder der Mangel an Schlaf überstrapaziert, bricht das Leistungsniveau zusammen. Für eine bestimmte Zeit können die meisten Menschen mit wenig Schlaf gut klarkommen, aber danach braucht es eine Bremse, sodass die notwendige Ruhe wieder einkehrt, sonst werden Menschen überanstrengt. In einer sich fortwährend wandelnden Gesellschaft und einer Umgebung, die sich kontinuierlich verändert und ständig wechselnde Ansprüche an einen stellt, ist es notwendig, dass man an dieser Stelle Korrektur und Einhalt erlebt.

Der Rhythmus von Jesus ist da ein wunderbares Beispiel. Sein Leben war besonders produktiv: Er lehrte die Menschen, heilte zahllose Menschen, reiste von Stadt zu Stadt, trainierte eine kleine Gruppe besonders intensiv und arbeitete mit ihnen von früh bis spät. Und jedem, der ihn ansprach, schenkte er Zeit und Aufmerksamkeit. Nie schien er gestresst oder gehetzt zu sein. John Bertram Phillips (1906–1982), ein englischer Autor und Geistlicher, schrieb dazu:

„Es ist erfrischend und heilsam, sich die innere Ruhe von Christus zu vergegenwärtigen. Seine Aufgabe und Verantwortung hätten leicht jemanden verrückt machen können. Aber er hatte es nie eilig, war nie beeindruckt von Zahlen, nie Sklave von Uhren. Er arbeitete, so sagte er, wie er Gott arbeiten sah – nie eilig.“

Jesus lebte und arbeitete in Ausgewogenheit und Balance. Seine Bestimmung hatte er dabei klar vor Augen – leben zu Ehren und Ruhm seines Vaters – genauso wie seine Berufung – den Israeliten das Evangelium zu verkünden, das Reich Gottes den Menschen zu bringen und für die Vergebung der Sünden am Kreuz zu sterben. Regelmäßig zog er sich zurück, um zu beten und allein zu sein. Auch sauste er nicht mit Pferd und Wagen von Stadt zu Stadt, sondern lief zu Fuß. Er lebte vor, dass ein Leben, das reich und gefüllt ist, nicht gestresst sein muss. Der niederländische Priester und Schriftsteller Henri Nouwen beschreibt es so:

„Jesu Taten entsprangen seiner inneren Gemeinschaft mit Gott. Seine Anwesenheit war heilend und veränderte die Welt. Gewissermaßen tat er nichts. ‚Wer ihn berührte, wurde gerettet.‘“

Menschen, denen es gelingt, aus einer tiefen inneren Balance zu leben, erwecken oft den Eindruck, als passiere bei ihnen alles wie von selbst. Sie leisten stets Dinge auf hohem Niveau, ohne dass es sie übermenschliche Anstrengungen zu kosten scheint. Was ist das Geheimnis von so viel belebender Frische? Von Jesu Wirksamkeit und innerer Balance?

Empfänglich sein für Korrektur

Jesus hat durch seinen Vater im Himmel Richtungsweisungen erhalten. Durch ihn hat er Leitung und Führung erlebt. Deshalb hat er auch immer wieder auf die wundersame Einheit mit seinem Vater verwiesen:

„Wahrlich, wahrlich, ich sage euch: Der Sohn kann nichts von sich aus tun, sondern nur, was er den Vater tun sieht; denn was dieser tut, das tut gleicherweise auch der Sohn.“ Johannes 5,19

„Ich kann nichts von mir aus tun.“ Johannes 5,30

Jesus empfing Führung und Leitung durch seinen Vater. Um dies zu erfahren, sind zwei Dinge wichtig: Man muss für die Annahme einer solchen Führung empfänglich sein und diese auch suchen.

Empfänglich zu sein beginnt mit der Erkenntnis, dass man nicht derjenige ist, der selbst weiß, was das Beste für einen ist. Es bedeutet zu wissen, dass es da jemanden gibt, der das besser weiß. Weil er dich erdacht hat. Weil er dich gemacht hat. Weil er um deine zukünftige Berufung weiß. Er kann dich leiten *„auf den rechten Pfaden um seines Namens willen"*.

Belehrbarkeit und Bescheidenheit sind zwei Haltungen, die unabdingbar sind, um zu erleben, wie das eigene Leben geführt und geleitet werden kann. Jedoch brauchst du auch Ruhe und Zeit, um Wegweisung von Gott empfangen und erkennen zu können. Das bedeutet an erster Stelle, dass du Gottes Wort einen zentralen Platz in deinem Leben einräumen solltest, wie auch Zeit, um darüber regelmäßig nachzudenken.

Gott ist jedoch nicht der Einzige, der deinem Leben Korrektur geben möchte. Als Menschen sind wir auf Gemeinschaft und Beziehungen hin ausgelegt. So hat Gott uns ein Umfeld gegeben, er hat um uns andere Menschen geschaffen, die aufgrund ihrer Weisheit und Lebenserfahrung für Weichenstellungen und Korrektur in unserem Leben von unschätzbarem Wert sein können. Denn letztlich gibt es so etwas wie *Betriebsblindheit,* auch im persönlichen Leben. Unser eigenes Leben kann für uns so selbstverständlich werden, dass wir Stolpersteine, Fallstricke und selbst tief greifende Fehlgriffe einfach nicht mehr sehen, während jedem um uns herum auffällt, woran es hapert. Gott kann und will dann Menschen benutzen, um unser Leben wieder ins Gleichgewicht zu bringen.

Das Beispiel von Moses

Die biblische Geschichte von Moses und seinem Schwiegervater Jitro ist da ein treffendes Beispiel. Moses hat Hunderttausende

Sklaven in die Wüste geführt. Plötzlich waren sie nach langjähriger Sklavenarbeit in Freiheit. Dieser spontane Wechsel von einem Leben in Gefangenschaft hin zu einem Leben, das Freiheit erfährt, kann zu etlichen Problemen führen. Moses war deshalb von früh bis spät mit Rechtsprechung beschäftigt. Jitro sieht, was passiert ist, und fragt Moses, womit er beschäftigt sei:

„Was tust du denn mit dem Volk? Warum musst du ganz allein da sitzen, und alles Volk steht um dich her vom Morgen bis zum Abend? Mose antwortete ihm: Das Volk kommt zu mir, um Gott zu befragen. Denn wenn sie einen Streitfall haben, kommen sie zu mir, damit ich richte zwischen dem einen und dem andern und tue ihnen kund die Satzungen Gottes und seine Weisungen." 2. Mose 18,14–16

Moses antwortet seinem Schwiegervater, dass er es einfach tun muss. Jeder kommt zu ihm, wenn er oder sie ein Problem hat. Und neben diesem Amt verkündet Moses auch noch den Willen Gottes. Dagegen kann man doch nichts sagen, oder?!

Kann bzw. darf man wirklich etwas dagegen haben, wenn ein Ältester einer Gemeinde hart für seinen „Boss" arbeitet und anschließend noch Abend für Abend Hausbesuche aus Liebe zu den Menschen macht? Kann bzw. darf man wirklich nichts dagegen sagen, wenn ein Studierender hart für sein Examen arbeitet, sich in der Studentenvereinigung engagiert und zudem die Jugendgruppe in seiner Gemeinde leitet? Kann bzw. darf man einen Vater von drei Kindern, der schnell Kariere gemacht hat, Sport treibt, um fit zu bleiben, noch dazu ermutigen, außerdem zwei Aufgaben in der Gemeinde zu übernehmen, um auch da sein Steinchen beizutragen?! Jitro sagte zu Moses:

„Es ist nicht gut, wie du das tust. Du machst dich zu müde, dazu auch das Volk, das mit dir ist. Das Geschäft ist dir zu schwer; du kannst es allein nicht ausrichten." 2. Mose 18,17–18

Bäms! Das hatte gesessen! Jitro traute sich, etwas dagegen zu haben und es zu sagen. Zu Moses! Dem ersten Mann, dem Diener in Gottes Haus! Einem der allergrößten Heiligen aller Zeiten! Einem Mann, durch den Gott zehn verwüstende Plagen geschickt hatte! Einem Mann, der Millionen anführte und diese durch ein Meer geführt hatte. – Das musste man sich erst einmal trauen.

Gott sei Dank traute sich Jitro.

Es ist wichtig, dass man Menschen an der Seite hat, die sich trauen, einem die Wahrheit zu sagen. Wenn du keine solchen Ratgeber um dich hast, die den Mut haben, dich zu korrigieren, bitte Gott um den Mut, dass du sie in deinem Leben zulässt und dass dir die Gnade widerfährt, einen oder mehrere an deine Seite zu bekommen.

Gute Dinge sind verkehrt, wenn sie zu schwer sind

Moses hatte die Sicht auf seine Berufung verloren. Sie lag weder darin, endlos Seelsorge zu betreiben, noch darin die Rechtsprechung auszulegen. Seine Berufung war eine andere: das Volk Israel aus der Sklaverei zu befreien und es in das Gelobte Land zu führen. Für diese Aufgabe hatte Gott Moses in die Wüste geschickt und dort seinen Charakter geschult. Seine Kompetenz, dieser Aufgabe nachzukommen, war ausgezeichnet, nur nutzte er sie nicht gut. Der Wahnsinn des Alltags führte Moses in die Irre. Alles raste an ihm vorbei und er wusste nicht mehr wohin.

Moses musste zu seiner ursprünglichen Berufung zurückkehren: die Führungsrolle wieder wahrnehmen und die Kommunikation mit Gott suchen. Mehr brauchte er nicht zu tun.

Wir brauchen in unserem Leben eine vertrauensvolle Person – ähnlich wie ein Jitro, bei dem Moses Jahrzehnte gewohnt hatte –, die uns hin und wieder sagen kann: „Es ist nicht gut, wie du das tust!"

Moses arbeitete schwer. Und er war ein treuer Diener. Die Arbeit, die er machte, war wichtig. Und doch war er schief gewickelt.

Denn die Art, wie er sein Leben eingerichtet hatte, war verheerend für ihn und für sein Volk. Er war wie ein Adler, der mit 300 Stundenkilometer auf seine Beute losstürzt, aber aus Mangel an Bremswirkung auf den Felsen zu rast.

Zum Glück hörte Moses auf seinen Schwiegervater und ließ anschließend Hunderte Männer das tun, was er zuvor allein probiert hatte zu tun. Danach widmete er sich seinen wahren Aufgaben, sodass sein Lebensstil nun wieder seiner Berufung entsprach.

Oft denken wir, wenn wir nur hart genug arbeiten und unser Bestes geben, würden wir der Welt am besten helfen. Das ist eine Illusion. Henri Nouwen sagt dazu:

„Wir erweisen der Welt einen Dienst, wenn wir geistlich gesund sind. Die erste Frage lautet daher nicht: ‚Wie viel tun wir?‘ oder: ‚Wie vielen Menschen helfen wir?‘, sondern: ‚Haben wir Frieden mit uns selbst?‘"

Deine primäre Aufgabe ist es nicht, hart zu arbeiten, sondern das zu tun, wofür Gott dich erschaffen hat. Und zwar nur das.

Was der barmherzige Samariter alles nicht tat

Der barmherzige Samariter aus dem zehnten Kapitel des Lukasevangeliums wird wegen seiner barmherzigen Tat gegenüber dem niedergeschlagenen und beraubten Mann gerühmt. Die Bibel erzählt uns, was der Samariter alles tat: Er sah den verwundeten Mann liegen, er bekam Mitleid, er ging auf den Mann zu, goss Öl und Wein auf seine Wunden und verband sie. Er legte den Mann auf sein Reittier und brachte ihn zu einem Gasthaus, wo er den Abend und die Nacht über für ihn sorgte. Am folgenden Morgen bezahlte er den Wirt für einen zur Genesung des Verwundeten ausreichenden Verbleib.

Und dann setzte der Samariter seine Reise fort. – Der Samariter ist eins der prägnantesten Beispiele für Nächstenliebe. Aber überlege mal, was der Samariter alles nicht tat! Weder nahm er den Verwundeten mit zu sich nach Hause, wo er ein Zimmer für ihn hätte einrichten und seine Frau für ihn hätte kochen können, noch blieb er eine Woche lang im Gasthof, bis der Verwundete ausreichend genesen war, um selbst weiterreisen zu können. Er begab sich auch nicht auf die Suche nach den Räubern, die den Mann so zugerichtet hatten, um sie zu fangen und dem Mann so sein Geld zurückgeben zu können. Nicht einmal eine Belohnung setzte er aus für diejenigen, die den Bergweg wieder sicher machen würden. Und er kam auch nicht auf die Idee, den verletzten Mann zu entschädigen für alles, was er verloren hatte. Stattdessen setzte er seine Reise am nächsten Morgen fort, um seiner Bestimmung nachzukommen.

Was zeigt uns diese Geschichte? Es gibt viele Dinge, die man tun muss, aber viele weitere, die man nicht tun muss! Alle oben aufgeführten Dinge, die der Samariter nicht tat, wären auch Nächstenliebe gewesen. Aber aus irgendeinem Grund wusste der Samariter darum, was es heißt, die Schwanzfedern zu einem Fächer aufzustellen und auf die Bremse zu gehen. Er tat das, was er tun konnte und musste. Aber er tat nichts, wozu er nicht imstande war und was er nicht tun musste. Er grenzte sich ab. Vermutlich war das Reiseziel bzw. der Reiseanlass des Samariters nicht so wichtig, als dass er den verwundeten Mann auf dem einsamen Weg hätte krepieren lassen, aber doch wichtig genug, um auf eine Weise Hilfe zu leisten, dass er nicht Gefahr lief, sein Ziel zu verfehlen.

Das ist Leben in Balance.

Von Zeit zu Zeit ist es wichtig und wertvoll, das eigene Leben unter die Lupe zu nehmen und alle Aktivitäten, in denen du steckst, aufzuschreiben, um herauszufinden, inwiefern diese Aktivitäten etwas zu deiner Berufung beitragen. Alles, was nicht direkt zum Erfüllen deiner Berufung beiträgt, solltest du prüfen und beenden. Und alles, was zwar zu deiner Berufung beiträgt, aber dir eigentlich zu viel Energie und Zeit raubt und zu Lasten deiner von Gott gegebenen Umgebung geht, musst du auch beenden.

Funktion 3: Balance

Die Schwanzfedern verleihen dem Adler Balance. So wie ein Hubschrauber ohne Heckrotor nicht mehr steuerbar ist und abstürzt, so sorgt der Schwanz des Adlers für Gleichgewicht und Stabilität. Balance drückt sich immer über einen langen Zeitraum aus. Über kurze Zeit kann man etwas sehr intensiv und gut leisten, mit viel Kraftanstrengung, aber dies funktioniert nicht auf lange Sicht, denn dann gerät das Leben aus dem Gleichgewicht. Ein Leben in Einklang und Gleichgewicht bedeutet, sein Leben so zu gestalten, dass man über einen längeren Zeitraum Frische und Spannkraft bewahrt und stets das leisten kann, wozu man gefordert ist.

Ich (Eugène) bin von Natur aus ein Workaholic. Ich genieße es, hart zu arbeiten, bin gerne in mehreren Verantwortungsbereichen gleichzeitig involviert und brauche eine bestimmte Menge an Druck, um gut im Workflow zu sein. Das ist an sich nicht verkehrt. Aber ich habe auch bereits sehr früh gelernt, dass es wichtig ist, sich regelmäßig „ordentlich" auszuruhen. Und das macht jeder Mensch auf seine Weise. Für mich bedeutet das sonntags entspannt ein Buch zu lesen, einen guten Film anzuschauen, ein paar Kleinigkeiten in und ums Haus zu erledigen und mir jeden Tag ein paar Minuten Auszeit vom Arbeitsstress zu nehmen. Das tue ich, indem ich eine Liste über alle meine To-dos erstelle, ihnen einen Platz in meinem Kalender zuweise, um dann in aller Ruhe das zu erledigen, was heute unbedingt geschehen muss. Jeder Tag bringt seine eigene Sorge mit sich, sagt die Bibel. Und manchmal kostet es mich meine ganze Kraft, einen einzigen Tag über die Bühne zu bringen. Das sind Tage, die meine ganze Energie verbrauchen. An einem solchen Tag mag ich gar nicht an die Mühsal des nächsten Tages bzw. des Rests der Woche denken.

Um über einen längeren Zeitraum konstant Leistung zu bringen, ist es wichtig, sich nicht zu 100 Prozent zu verausgaben, sondern die Dinge mit 80 oder 90 Prozent seiner zur Verfügung stehenden Kraft zu bewältigen. Wenn ich (Henk) beispielsweise beim

Lauftraining meine maximale Leistung abrufe, halte ich ungefähr drei Kilometer durch. Dosiere ich aber meine Kräfte im Rahmen von 80 Prozent, dann schaffe ich 20 Kilometer.

Wichtiges zuerst

In Balance zu leben bedeutet, sich auf ein paar wesentliche Dinge zu konzentrieren, die man nur selbst tun kann und muss. Lerne daher, dich auf das Wesentliche, auf den Kern der Dinge, zu konzentrieren.

Unser Leben wird oft dadurch stressig, dass sich in ihm unzählige dem Anschein nach wichtige und nützliche Kleinigkeiten ansammeln. Um herauszufinden, was wirklich zählt und welche Dinge auf jeden Fall anzugehen sind, ist es unabdingbar, zunächst die wichtigsten herauszufinden.

Priorität sollte jedenfalls die persönliche Beziehung zu Gott haben. Genauso wie die zu deiner Familie. Auch dein Engagement auf deiner Arbeitsstelle, in deiner Kirchengemeinde und deine Freizeitaktivitäten sind wichtig. Denn ist man zu beschäftigt, um zu entspannen, ist man einfach viel zu sehr beschäftigt.

Unter den wichtigen Dingen hast du nun zu unterscheiden zwischen Haupt- und Nebensachen. Konzentriere dich stets auf die Hauptsachen, die du umsetzen möchtest. Dazu gehören unter anderem die Dinge, die sich an deine Berufung, Kompetenz und deinen Charakter anschließen. Wenn es da beispielsweise Dinge gibt, die du zu beenden hast, weil sie dem Erreichen deines Ziels vielleicht im Wege stehen, besprich dies vorher mit den Menschen, die das auch mit betrifft – Partner, Vorgesetzter, Kollegen oder Gemeindemitglieder.

Ich (Henk) habe dieses Prinzip meiner dreijährigen Tochter mithilfe einer Box und ihrem Spielzeug veranschaulicht. Gemeinsam mit ihr packte ich diese Box mit Spielzeug voll. Wir warfen alles wahllos hinein. Schnell schien die Box überfüllt zu sein. Wir konnten sie nicht mehr schließen. Also holten wir alles Spielzeug wieder heraus und befüllten die Box noch einmal. Nur dieses Mal legten wir zuerst das große Spielzeug hinein und anschließend die kleineren Sachen. Und siehe da: Alles passte hinein.

So verhält es sich auch in unserem Leben, und zwar in jeglicher Hinsicht und in allen Bereichen. Füllt man sich und sein Leben mit Nebensachen, bleibt am Ende wenig Platz für die wirklich wichtigen Dinge. Beginnt man aber mit den wesentlichen Dingen, bleibt immer noch genügend Raum für die kleinen Nebensächlichkeiten.

BALANCE

Der Schwanz des Adlers funktioniert wie ein Stabilisator, Lenkrad und eine Bremse. Durch kleine Bewegungen der Schwanzfedern hält der Adler die Balance und kann, wenn nötig, seine Flugbahn in Sekundenbruchteilen korrigieren. Und wenn der Adler seine Beute angreift, dient ihm der Schwanz als Bremse, vergleichbar mit einem Flugzeug, dessen Steuerruder sich zum Bremsen nach oben oder unten neigt.

Besonders wendig ist beispielsweise der philippinische Affenadler. Im Dickicht seiner natürlichen Umgebung muss dieser Adler seinen Körper oft durch schmale Öffnungen manövrieren und pfeilschnelle, verzwickte Angriffe zwischen Bäumen und Ästen ausführen können. Sein Körperbau ist daran angepasst. Er hat kurze Flügel mit geringer Spannweite, sodass er leicht durch schmale Öffnungen passt. Sein Schwanz ist hingegen verhältnismäßig groß und breit, doch so gelingt es ihm, auf kleinstem Raum optimal zu steuern und zu bremsen.

7

Der Start

Aller Anfang ist schwer

„Er ging mit ihnen um wie ein Adler, der seine Jungen
fliegen lehrt: Der wirft sie aus dem Nest, begleitet ihren Flug,
und wenn sie fallen, ist er da, er breitet seine Schwingen unter
ihnen aus und fängt sie auf."
5. Mose 32,11

Ein Adler, der seine mächtigen Armschwingen ausstreckt.

Das Adlerjunge sitzt schön geborgen im riesigen Nest seiner Mutter. Zu bestimmten Zeiten bringt seine Mutter ihm Nahrung. Es hat eine weiträumige Aussicht. Es braucht selbst nicht zu jagen, sich nicht anzustrengen, und sich nicht in Gefahr zu begeben. Das Leben ist gut.

Bis eines Tages die Mutter des Adlerjungen sich plötzlich beunruhigend schroff an den Wänden des Adlerhorsts zu schaffen macht. Sie reißt Äste heraus und langsam, aber sicher verschwindet ein Stück der sicheren Nestwand.

Anschließend springt die Mutter rüber zum Adlerjungen und schiebt es zu seinem blanken Entsetzen rigoros Richtung Nestrand. Erst versteht das Adlerjunge nicht, was die Mutter vorhat, aber sehr bald beginnt es ängstlich zu piepsen. *Das ist nicht gut! Mama will mich vom Felsen werfen! Aber ich kann noch gar nicht fliegen!* Unbeeindruckt vom aufgeregten Flattern des Adlerjungen, schiebt die Mutter ihre Brut immer weiter an den Rand. Dann hält sie einen Moment inne und schubst schließlich ihr heftig zappelndes Adlerjunge in die endlose Tiefe. Laut piepsend und in Todesangst, mit schwachen Flügeln rudernd rast das Adlerjunge im Sturzflug zu Boden. Es versucht zu retten, was zu retten ist, aber es hilft alles nichts. Verzweifelt begreift es, dass es wohl auf dem Felsen zerschellen wird. *Und das während Mama doch wochenlang so liebevoll für mich gesorgt hat!*

Bevor aber der junge Adler zerschellt, findet ein Wunder statt: Wie aus dem Nichts taucht die Mutter unter dem Adlerjungen auf, fängt ihr fallendes Junges einige Meter über dem Felsen ab und nimmt es auf ihre Adlerflügel auf. Vor Panik und Angst zitternd braucht das Junge ein paar Minuten, um zu erkennen, dass seine Mutter es gerettet hat. Glücklicherweise bringt die Mutter es wieder ins sichere Nest. Sobald es jedoch wieder einigermaßen zu Kräften gekommen ist, beginnt das unruhige Herumscharren der Mutter wieder – und siehe da, sie fängt wieder an zu schubsen …

Dieses Schauspiel wiederholt sich, bis das Junge genügend Kraft in den Flügeln entwickelt hat, um selbst fliegen zu können.

Auf ähnliche Weise will auch Gott dir das „Fliegen" beibringen. Besser gesagt, dein Leben als Christ kraftvoll, majestätisch und auf den Himmel fokussiert zu leben. Denn letztlich sind auch wir Menschen, die ganz einfach ihren Komfort mögen. Wir sind auf Sicherheit aus und haben oft Angst vor Veränderungen. Aber wenn die Zeit reif ist, baut Gott die Ränder unseres sicheren Nestes Stück für Stück ab und führt uns an einen Rand, von dem aus wir nur ins Ungewisse, in den Abgrund, schauen. Und dann kommt der Schubser! „Fürchte dich nicht!" Und kurz bevor du zu zerschellen drohst, fängt Gott dich auf einmal, wie die Adlermutter ihr Junges, wie aus dem Nichts auf.

Mit diesem Beispiel der ersten Flugstunden eines Jungadlers und dem Vergleich zu unserem Leben als Christ hätten wir prima dieses Kapitel beginnen können …

Auf Adlerflügeln getragen

… nun, wir haben es auch so getan. Aber der beschriebene Vergleich hinkt. Nichtsdestotrotz wurde er wohl bereits in zahllosen Predigten, Studien, Kommentaren und Büchern bis ins Kleinste beschrieben – denn so lernt der Adler angeblich das Fliegen.

Als wir uns jedoch während unserer Vorbereitungen zu diesem Buch mit Vogelkundlern unterhielten, sagten sie, dass noch nie jemand einen Adler sein Junges hat auf den Flügeln tragen sehen. Und damit stellte uns ihre Auskunft vor ein Rätsel, schließlich heißt es in 5. Mose 32, 11:

„Er ging mit ihnen um wie ein Adler, der seine Jungen fliegen lehrt: Der wirft sie aus dem Nest, begleitet ihren Flug, und wenn sie fallen, ist er da, er breitet seine Schwingen unter ihnen aus und fängt sie auf."

Trägt ein Adler sein Junges also nun auf den Flügeln oder trägt er es nicht? – Mit dieser Frage traten wir an einen Professor der Theologie, der sich auf das Alte Testament spezialisiert hatte, heran. Was würde er zu 5. Mose 32,11 und der Aussage der Vogelkundler sagen? Prof. Peels von der Theologischen Universität Apeldoorn hatte sich bereits mit dieser Stelle beschäftigt. Kurz gesagt war seine Schlussfolgerung, dass die Vogelkundler recht hatten: Adler tragen ihre Jungen nicht auf ihren Flügeln. Allerdings, so versicherte uns Professor Peel, sagt dies der Text im fünften Buch Mose auch nicht per se.

Wie ein Adler fliegen lernt

Wir fragten uns deshalb, wie dann wohl ein Adler fliegen lernt. Von den Vogelkundlern erfuhren wir, dass die Mutter ihr Junges nicht einfach so in den Abgrund schubst. Sie begleitet es vielmehr und hilft ihm beim ersten Absprung.

Ein Adlerjunges beschäftigt sich die ersten Wochen ausschließlich mit Essen und Spielen. Nach etwa neun Wochen beginnt der junge Adler mit seinen ersten Flügelübungen. Manchmal wird er kurz vom Wind angehoben, sodass es aussieht, als würde er davonfliegen. Der erste richtige Flug findet statt, wenn die Adler etwa zwölf Wochen alt sind. Und eines Tages, wenn das Junge denkt, es sei reif für seinen ersten Flug, wagt es selbstständig den Sprung in die Tiefe. Mit seinen dann bereits trainierten Flügeln springt es flatternd in die Tiefe und unternimmt seinen ersten Flugversuch. Manchmal hilft ihm die Mutter, indem sie einige Meter tiefer und vom Nest entfernt mit etwas Futter sitzt. Hat das Junge dann erfolgreich seinen ersten Flug absolviert, wartet bereits die Belohnung.

Meistens geht dies gut, manchmal aber auch nicht. Stürzt der junge Adler, war entweder die Muskulatur zu schwach oder ihm ist ein anderes Missgeschick widerfahren. Jedenfalls greift in einem solchen Falle die Mutter dann nicht ein.

Wie Gott für sein Volk sorgt

In der Textstelle 5. Mose 32,11 (und auch in 2. Mose 19,4) geht es auch gar nicht darum, dass dort beschrieben wird, wie Adler das Fliegen lernen. Die „Gute Nachricht"-Bibelübersetzung gibt diese Stelle folgendermaßen wieder: „Ein Adler scheucht die Jungen aus dem Nest, damit sie selber fliegen lernen." – Hier wird deutlicher, wie sich das Bild zeichnet, dass der Adler das Nest für seine Jungen immer unkomfortabler macht. Er stimuliert sie, ihre sichere Umgebung zu verlassen. Die bisherige Komfortzone ist zunehmend ungemütlicher. Der Adler bringt das Nest durcheinander. Das Zuhause nimmt ab, ein Zuhause zu sein. Zweige beginnen im Hintern zu zwicken und das Bett ist nicht mehr so weich. Es wird immer weniger attraktiv im Nest zu verweilen.

Auch uns kann Gott aus unserer Komfortzone bewegen, damit wir in eine neue Phase unseres Lebens vordringen können. Das ist ein Prozess, der sich tatsächlich so abspielen kann. Alles zuvor Selbstverständliche ist dann auf einmal weniger selbstverständlich. Das, was uns einst Befriedigung gab, verschafft uns auf einmal weniger Genüge. Etwas pikst uns oder treibt uns in Unruhe, weswegen wir meinen, weiterzumüssen. Und vielleicht nehmen wir tief in unserem Inneren diesen Gedanken wahr: Gott hält etwas Neues für mich bereit.

„Doch wachsam schwebt er über ihnen", heißt es weiter in der Guten Nachricht. Letztlich handelt dieser Text von der Sorge Gottes über sein Volk. So wie der Adler sein Nest und die Jungen nie aus den Augen verliert, so verliert Gott sein Volk nie aus den Augen. So wie ein Adler über seinem Nest schwebt, um Angreifer abzuschrecken und in die Flucht zu schlagen, so schwebt Gott über seinem Volk und schreckt die Feinde ab. Aber Gott geht noch weiter als der Adler! Auch wenn Adler ihre Jungen nicht auf den Flügeln tragen, Gott macht das sehr wohl bei seinem Volk. Ein Bild, das vor allem durch die mächtigen Flügel des Adlers inspiriert ist. Auch in den Büchern des englischen Schriftstellers J. R. R. Tolkien,

wie beispielsweise in „*Der Herr der Ringe*", liest man von mächtigen Adlern, die Gandalf und die Hobbits auf ihre riesigen Flügel nehmen, um sie in Sicherheit zu bringen.

Letztlich müssten Adler aufgrund ihrer mächtigen und kraftvollen Flügel imstande sein, ihre Nachkommen auf ihren Schwingen zu tragen und sie in Sicherheit zu bringen. Nur, man hat es noch nie beobachtet. Folglich tragen Adler ihre Brut einfach nicht auf Flügeln.

Trotzdem bleibt das Bild, das die Bibel im fünften Buch Mose schildert, ein starkes. Es beflügelt im wahrsten Sinne des Wortes unsere Fantasie wie unseren Glauben: Gott trägt die Menschen, die ihm vertrauen, *wie auf* Adlerflügeln. Sein Schutz ist stark und sicher.

Die Gemeinde als Flugschule

Wie unternimmt man nun einen entscheidenden Schritt in Richtung eigener Berufung? Einige Aspekte sind dabei wichtig. Zuerst gilt es, sich selbst bewusst zu machen, dass jetzt der Moment des Fliegens gekommen ist. Deine zwölf Wochen Schonzeit sind vorbei. Es wird Zeit.

Dann ist es wichtig, die Vorbereitungszeit, die Gott einem gönnt, ernst zu nehmen und optimal zu nutzen. Gott schenkt einem fast immer eine bestimmte Trainingszeit, ehe die echte Arbeit anfängt.

Anschließend lernt der Adler das Fliegen in einer sicheren Umgebung. Er trainiert seine Flügel in der sicheren Umgebung seines Nestes und sein erster Flug sind ein paar Flügelschläge, wenige Meter hin zu einem Baum oder Felsen, wo oftmals seine Mutter auf ihn wartet.

Unsere Kirchengemeinden sollten dieser Aufgabe nachkommen und Menschen einen sicheren Platz bieten, an dem sie lernen können, was es heißt zu „fliegen". Ist deine Gemeinde ein solcher Platz, wo Jung wie Alt verantwortlich sein dürfen und Fehler machen können, ohne dass man gleich mit ihnen abrechnet? Oder muss alles sofort perfekt sein? Wenn die Gemeinde kein Ort ist, an dem Adler vertrauensvoll das Fliegen lernen können, werden viele Adler abstürzen oder ihren ersten Flug erst gar nicht überleben.

Fliegen lernen in einer sicheren Umgebung

Jesus schaffte für seine Jünger den Rahmen einer sicheren „Flugschule". Anhand ihrer Taten sehen wir, wie sie als Jünger ermutigt wurden, ihre Flügel auszubreiten und als mächtige Adler über die ganze Welt zu schweben, um das Evangelium zu verkünden und die Kirche zu errichten. Der Schlüssel dafür war: Ihre Flugstunden bekamen sie stets in der Nähe und begleitet von Jesus. Ein wunderbares Beispiel, wie das Ganze vonstattenging, gibt uns die Geschichte, als die Jünger zum zweiten Mal in einen Sturm auf hoher See geraten.

Eines Tages, gerade als die Jünger sich ein wenig erholen, werden sie mit Jesus an dem Platz, wo sie sich etwas zurückziehen wollten, von Tausenden Menschen überrascht. Als Jesus die Menschenmenge sieht, ist er angerührt und spricht lange zu ihnen. So lange, bis die Menschen Appetit bekommen. Freundlich, aber bestimmt bitten die Jünger Jesus, die Menschen nach Hause zu schicken, aber stattdessen erteilt Jesus den Jüngern einen unmöglichen Auftrag: *„Gebt ihr ihnen zu essen!"*

Unmöglich! Fassungslos geben die Jünger diese Aufgabe an Jesus zurück. Sie bekommen gerade einmal fünf Brote und zwei Fische zusammen. Und Jesus demonstriert ihnen daran, was alles in Gottes Reich möglich ist. Er bereitet aus dieser Grundlage ein Festmahl, das alle sättigt. Und wieder stellen die Jünger, wie bereits viele Male zuvor, fest: Es ist gut, bei Jesus zu sein!

Nach dem Essen beauftragt Jesus seine Jünger, mit dem Schiff ans gegenüberliegende Ufer des Sees zu fahren. Er selbst bleibt noch, um die Menschen zu verabschieden. Jeder geht wieder seines Weges, viele zu ihren Dörfern auch an der gegenüberliegenden

Seite des Sees. Anschließend, nachdem die Leute verschwunden sind, zieht Jesus sich auf einen Berg zurück um zu beten. Zwischenzeitlich hatte sich über dem See ein Sturm zusammengebraut. Stürme am See Genezareth können ganz plötzlich, aus dem Nichts, entstehen und besonders stark sein. Und dieser nun war ein besonders heftiger Sturm. Stundenlang ruderten die Jünger umher, kamen aber kaum voran.

Jesus hatte seine Jünger während der Abenddämmerung auf den See geschickt. Der See ist ungefähr zehn Kilometer breit. In der vierten Nachtwache, so gegen vier Uhr morgens, hatten sie gerade erst die Hälfte der Strecke hinter sich gebracht. Dafür hatten sie zehn Stunden lang gerudert. Die ganze Nacht kämpften sie gegen die Elemente mit ihrer ganzen Kraft. Der schottische Theologe Alexander Balmain Bruce (1831–1899) hat diese Situation folgendermaßen zusammengefasst:

„In stürmischen Zeiten ruhig bleiben zu können, ist eine große Leistung.“

Es gibt Momente in unserem Leben, in denen alles bestens läuft. Wir sind gut unterwegs und freuen uns. Andererseits gibt es auch Phasen, in denen scheint nichts zu klappen. Oder es entgleitet uns alles. In solchen Momenten durchzuhalten und sogar ruhig zu bleiben ist eine große Kunst, Kraftanstrengung und Leistung.

Die ganze Situation, in der sich die Jünger befanden, steckt für uns heute voller Bedeutung. Der Sturm ereignete sich mitten in der Nacht. Und Jesus war fort. Er war woanders, mit anderen Sachen beschäftigt. Und mitten im Sturm kamen die Jünger nicht mehr voran.

Sturm. Nacht. Allein. Kein Fortschritt – so fühlt sich auch manchmal unser Leben an. Nur, warum ereigneten sich die Dinge, so wie sie in dieser Nacht passierten? Warum schickte Jesus seine Jünger voraus? Allein? Warum ging er nicht mit?

Was Jesus seine Jünger lehren wollte

Er wollte die Jünger etwas lehren. Es war nämlich ihr zweiter Sturm auf dem See. Während des ersten hatte Jesus tief geschlafen. Damals weckten die Jünger Jesus und mit einem Wort stopfte er dem Wind das Maul.

Dieses erste Sturmerlebnis war noch nicht lange her. Wahrscheinlich ereigneten sich beide Stürme innerhalb eines Jahres. Jesus hoffte, dass die Jünger beim ersten Sturm etwas gelernt hätten und dass sie nun mit mehr Zuversicht dem Sturm die Stirn bieten würden.

Der Evangelist Markus beschreibt, dass Jesus vom Berg aus sah, wie sie sich im Sturm abrackerten und wie er gegen Ende der Nacht übers Wasser zu ihnen lief. Auffallend ist, wie die Tatsache, dass Jesus die Jünger sieht und die Tatsache, dass er zu ihnen läuft, deutlich voneinander getrennt wird. Hier entsteht der Eindruck, dass Jesus die Jünger im Boot schon lange schuften und kämpfen sah und dass er bewusst nicht sofort einschritt, sondern einige Stunden wartete. Erst „gegen Ende der Nacht", als die Jünger völlig abgekämpft sind und sie wirklich nicht mehr können, beschließt er einzuschreiten und übers Wasser zu ihnen zu kommen.

Manchmal scheint Gott bewusst nicht einzugreifen und lässt es zu, dass du dich abrackerst, weil er dich formen, prägen und trainieren will. Doch dann kommt er übers Wasser gelaufen. Zuerst erschrecken die Jünger, weil sie ihn für ein Gespenst halten. Petrus aber läuft auf Jesus zu, watet durchs Wasser und schließlich steigt Jesus mit ins Boot. Und dann passiert das Wunder:

„Sie wollten ihn noch in ihr Boot nehmen; aber da hatten sie schon die Anlegestelle am Ufer erreicht." Johannes 6,21

Sofort! Zehn Stunden hatten die Jünger für fünf Kilometer benötigt, aber als Jesus mit im Boot ist, werden die zweiten fünf Kilometer ruckzuck zurückgelegt und der Sturm legt sich sofort.

Dieses Wunder der blitzschnellen Heimkehr ist eine Art Wasserversion der Zeitreise von Philippus zum äthiopischen Kämmerer.

Hätten wir das nicht auch gerne? Dass Jesus, wenn wir Probleme haben, zu uns ins Boot steigt und dann das Wunder geschieht: eine blitzschnelle Heimkehr, die Lösung all unserer Probleme, die Genesung unserer Krankheiten, die Wiederherstellung unserer Beziehungen. Wir stellen uns nur allzu gern vor, dass die Dinge im Reich Gottes so ablaufen: Gott greift auf übernatürliche Weise ein und die Schmerzen und Probleme werden gelöst.

Aber *wollte* Jesus eigentlich wirklich zu den Jüngern ins Boot steigen? Wollte er diese übernatürliche Abhilfe? Sein ursprünglicher Plan war das nicht:

„In den frühen Morgenstunden kam er auf dem Wasser zu ihnen. Er war schon beinahe an ihnen vorüber, als die Jünger ihn auf dem Wasser gehen sahen." Markus 6,48–49

Sein Plan war es, am Schiff *vorbeizulaufen.* Er wollte nicht an Bord kommen *müssen.* Ich (Henk) glaube, das war ein Teil des Trainings. Jesus hätte es so gern gesehen, wenn seine Jünger dem Sturm aus ihrem Glauben heraus die Stirn geboten hätten. Er hätte es so gern gesehen, dass sie sich an den ersten Sturm erinnerten, als Jesus mit nur einem Wort dem Sturm einen Schrecken einjagte, und dass dieses Wissen sie selbst zu Stärke, Ausdauer und vielleicht sogar auch zur Zähmung des Sturms ermutigt hätte.

Aber die Jünger schafften es von selbst nicht. Sie schufteten endlos weiter. Und als Jesus den See betrat, waren sie auch nicht ermutigt durch sein Erscheinen, sondern bekamen es mit der Angst zu tun! Offensichtlich waren die Jünger noch nicht so weit, wie Jesus gedacht hatte. Jesus sieht ein, dass die Jünger noch nicht so weit sind, klettert ins Boot und beruhigt sie.

Es gibt Augenblicke, in denen Jesus dich rackern sieht, aber bewusst *nicht* eingreift.

Es gibt Momente, in denen Jesus vorbeikommt, um dich mit seiner Anwesenheit zu inspirieren, aber *nicht* in dein Boot steigen will.

Das sind Momente, in denen er dich auf etwas Größeres in der Zukunft vorbereiten will! Größere Verantwortung, größere Wunder, größere Frucht, größere Liebe. Solange aber deine Gottesbeziehung auf das Empfangen von Geschenken gegründet bleibt, ohne Charakterentwicklung und ohne Training der Glaubenskraft, wirst du nie deine Bestimmung und Berufung erreichen. Paulus fasst dies im Römerbrief wunderbar zusammen:

„Doch nicht nur dafür sind wir dankbar. Wir danken Gott auch für die Leiden, die wir wegen unseres Glaubens auf uns nehmen müssen. Denn Leid macht geduldig, Geduld aber vertieft und festigt unseren Glauben, und das wiederum gibt uns Hoffnung. Und diese Hoffnung geht nicht ins Leere. Denn uns ist der Heilige Geist geschenkt, und durch ihn hat Gott unsere Herzen mit seiner Liebe erfüllt." Römer 5,3–5

Es gibt Momente, in denen sich Gottes Gnade in Bedrängnissen und Prüfungen äußert, eben um dich zu segnen mit Geduld, Bewährung und Hoffnung.

Hoffnung, dass du den Sturm gut überstehst. Hoffnung aber auch, dass Jesus dich stets im Auge behält und dich nie im Stich lässt, auch wenn es sich anfühlt, als ob er weit weg ist, vielleicht irgendwo auf einem Berg. Hoffnung, dass der Geist, der dir nach einer durchkämpften Nacht Angst einjagt, nicht ein Engel oder Dämon ist, sondern Jesus höchstpersönlich. Hoffnung, dass er dich mit seinem ausgeklügelten Training so zu leben lehrt, dass du diesen wie auch künftige Stürme deines Lebens gut überstehst. Hoffnung, dass dies alles einer Vorbereitung auf etwas viel Größeres dient.

Diese Hoffnung geht nicht ins Leere! Sie ist auf etwas gegründet, und zwar auf deine früheren Erfahrungen mit Jesus und insbesondere auf die empfangene Gottesliebe in deinem Herzen durch den

Heiligen Geist. Dadurch darfst du wissen, dass Gott stets das Beste mit dir vorhat und dich nie im Stich lassen wird. Er macht weiter mit dir. Er wird dein Leben gestalten. Und er wird dich auf die kommenden Schritte vorbereiten.

Sich trauen, eine Dummheit zu begehen

Sowohl bei der Speisung der Fünftausend als auch beim Sturm auf dem See unterzog Jesus seine Jünger einem Test. Er wollte wissen, inwieweit die Jünger in der Lage waren, selbstständig zu fliegen. Trainingsmomente wie diese bereiten auf den letztendlichen Nestsprung vor. Denn so wie der Adler sein Junges ermutigt, seinen ersten Flug zu machen, indem er mit Futter im nahe gelegenen Baum sitzt, so trainiert Gott deinen Glauben und dein Herz, indem er dich manchmal im tosenden Sturm auf einem einsamen See kämpfen lässt. Sei dir bewusst und darüber im Klaren: Gott ist mit dir! Er sieht dich! Er lässt dich nie im Stich. Und mache dir bewusst, dass es Phasen in unserem Leben gibt, in denen es nichts Besseres gibt, als ruhig zu bleiben und zu verharren. Halte dies durch!

Was folgt, sind die Momente, um die es wirklich geht: Gelegenheiten, in denen du ans Herz deiner Berufung vorstößt und letztlich dorthin gelangst. Dann kommt es darauf an, ob du den Mut hast, diesen *einen Schritt* zu wagen. Traust du dich aus dem Boot zu steigen und deinen Fuß aufs Wasser zu setzen, so wie Petrus in jener stürmischen Nacht?

Petrus lief übers Wasser und sank ein. Oft wird Petrus dafür kritisiert, dass er einsank, weil er auf die Wellen sah, aber was man nicht vergessen darf: Er war der Einzige, der den Mut besaß, diesen Schritt überhaupt zu wagen! Dort, inmitten des Sturms, hätten zwölf mutige Männer Wasserski ohne Wasserskier üben können. Doch elf taten das nicht. Sie nahmen das Risiko nicht auf sich. Nur einer von ihnen: Petrus. Und das zeigt ein Stück seiner Größe, selbst wenn er später ins Meer sank. Seine Großartigkeit schmälert das keineswegs. Es geht darum, dass er es tat. Der amerikanische Pastor John Ortberg hat über die Lektion, diesen Schritt zu tun, ein sehr eindrückliches Buch geschrieben, das den Titel trägt: *„Das Abenteuer, nach dem du dich sehnst. Wer auf dem Wasser gehen will, muss aus dem Boot steigen."*

Es gibt keine andere Wahl. Man muss das Risiko unterzugehen auf sich nehmen.

In der Apostelgeschichte begegnet man Petrus Jahre später. Er hält Predigten, vollbringt durch Gottes Gnade wunderbare Heilungen und wir erleben ihn als einen starken, weisen Führer der ersten Gemeinde. Er lebt seine Berufung vollkommen aus.

Einer der Gründe, warum er dies alles tun konnte und damals als der vorrangige, aber sehr bescheidene Apostel angesehen wurde, liegt darin, dass Petrus gelernt hatte, dass man aus dem Boot von Sicherheit, Komfort, Absicherung, irdischer Sicherheit und Vergnügen aussteigen muss, wenn man wirklich übers Wasser laufen will.

Aus dem Boot zu steigen scheint ein großer gefährlicher Schritt zu sein. Nur, ist es nicht viel gefährlicher im Boot sitzen zu bleiben? Womöglich beschert dir der Ausstieg aus dem Boot, dass du nass wirst und vieles verlieren kannst – letzten Endes sogar dein Leben –, aber nichtsdestotrotz empfängst du die Möglichkeit, ein erfülltes Leben in der Nähe Gottes zu führen und es für ihn ganz einzusetzen. Bleibst du allerdings im Boot, wird es dich auch irgendwann das Leben kosten.

Jesus zu folgen kostet viel, aber ihm nicht zu folgen noch viel mehr. Es fordert Mut, Schritte zu unternehmen, von denen du weißt, dass du sie eigentlich machen solltest. Vielleicht verlierst du dein Gesicht dabei, deinen Job, eine Freundschaft oder Geld. Nur wenn du den Mut nicht aufbringen kannst, den Schritt zu wagen, kostet es dich letzten Endes weitaus mehr, denn dann kostet es dich deine Würde und dein Herz.

Was dem Adler sein imposantes Äußeres verleiht, ist unter anderem sein durchdringender kräftiger Blick. Er schaut nach vorn, nicht weg. Er geht der Gefahr nicht aus dem Weg, sondern stürzt sich auf Schlangen, Mäuse und andere Beute. Im täglichen Leben kann man sehen, ob Menschen gelernt haben, aus dem Boot zu steigen. Wagen sie die Konfrontation? Trauen sie sich, ihr Herz in Augenschein zu nehmen? Nehmen sie statt des längerfristigen Glücks nur stets kurz dauernde Annehmlichkeiten in Kauf?

Menschen, die Chancen nicht ergriffen haben, ihren Charakter zu trainieren, verharren immer tiefer und starrer in ihrem Boot. Bei eventuellen Schwierigkeiten schauen sie weg. Und falls dann jemand kommt, etwas wagt oder einen Fehler macht, sind sie meist die Ersten, die Kritik äußern. Der dänische Philosoph Søren Kierkegaard (1813–1855) hat in einem Text, den er bereits 1846 (!) veröffentlichte, das Wesen unserer Zeit treffend beschrieben:

„Unsere Zeit ist im Wesentlichen das vernünftige, reflektierende, das leidenschaftslose Zeitalter, das flüchtig in Begeisterung aufflammt und opportunistisch in Trägheit Frieden findet."

Wir sind so vernünftig, so wohlbedacht, leben so ordentlich strukturiert und so tief im trügerischen Schlummerschlaf, dass es kaum noch Menschen gibt, die es wirklich wagen heldenhaft das Adlernest zu verlassen. Kierkegaard fragte sich schon damals verzweifelt:

„Sollte noch irgendwo jemand zu finden sein, der, und sei es nur für ein einziges Mal, eine schreckliche Dummheit begeht?"

Gibt es noch jemanden wie Petrus, der sich in den Kopf setzt, im tosenden Sturm, nach einer durchkämpften Nacht zwischen Hoffen und Bangen, aus dem Boot in strudelnde Wellen zu steigen, weil ein Geist sich als Jesus erweist? Selbst wirkliche Dummheiten trauen wir uns kaum noch zu begehen und wirkliche Leistungen sind zum Gewinn eines Preises bei einem Ballspiel oder beim Vorführen eines Kunststücks verkommen.

„Handeln und Entscheiden gibt es in unserer Zeit genauso wenig, wie Genuss von Gefahr beim Schwimmen in niedrigem Wasser."

Wir trauen uns schon aus dem Boot zu steigen, aber nur, wenn es nahe am Ufer ist. Und wir wagen den Sprung in die Tiefe, aber nur, wenn sie ungefähr 20 Zentimeter beträgt. Und gerade weil wir ständig das Risiko und die Gefahr meiden, um zu überleben, verlieren wir das Leben selbst! Doch der einzige Weg zum Leben führt zu gegebener Zeit darüber, sich der Gefahr zu stellen und das Risiko einzugehen. So wie es der englische Schriftsteller und Journalist Gilbert Keith Chesterton (1874–1935) in seinem berühmten Zitat über Mut beschreibt:

„Mut erfordert nahezu einen inneren Widerspruch. Er bedeutet einen starken Willen zu leben, der die Form einer Bereitschaft zum Sterben annimmt. ,Derjenige, der sein Leben verliert, wird es finden', ist nicht etwas Mystisches für Heilige und Helden. Es ist ein alltäglicher Rat an Seemänner oder Bergsteiger. Es könnte auch in einem Handbuch für Alpinisten stehen. Das Prinzip von Heldenmut gründet sich auf einem scheinbaren Widerspruch. Dies gilt auch für weltliche oder gewaltsame Tapferkeit. Ein Mann, der durch die Flut von der Küste abgeschnitten ist, kann sein Leben nur retten, indem er sich enormen Gefahren aussetzt. Er kann dem Tod nur entrinnen, indem er ihm sich jeweils bis auf wenige Zentimeter nähert."

Wie auf Adlerflügeln ...

Der Grund bereit zu sein, dieses enorme Risiko doch einzugehen, liegt darin, dass unser Leben eine Basis von Liebe und Frieden kennt, die der Heilige Geist über uns und unser Leben ausgegossen hat. Weil wir wissen, dass Jesus selbst durch den Heiligen Geist in uns lebt, brauchen wir keine Furcht zu haben, (ein klein wenig) zu sterben.

Gott kennt den Weg deiner Berufung, und es werden immer wieder zahllose Momente und Phasen kommen, wo es an der Zeit ist für einen Sprung in die Tiefe, für einen Schritt aus dem Boot heraus. Wenn du auf der bereits hinter dir liegenden Strecke treu gewesen bist, Gott vertraut hast, darfst du darauf vertrauen, dass deine Flügel durch das ausgeklügelte Training von Jesus ausreichend gestärkt sind, um auch diesen Sprung zu überstehen. Selbst wenn dir dieser Sprung misslingen und sich als Dummheit herausstellen sollte, darfst du dir sicher sein, Jesus höchstpersönlich wird zu dir ins Boot steigen. Sei beruhigt: Wenn du den Felsenboden schnell auf dich zukommen siehst und der vorbeifliegende Engel eher einem Geist als einem von Jesus geschickten Helfer gleicht, dann darfst du wissen: Gott trägt dich wie auf Adlerflügeln.

Gottes Zeitplan

Schlussendlich kommt es darauf an, ob du den Schritt wagst. Und auch tust. Die Umstände, auf die du triffst, wirst du niemals von vornherein bestimmen können. Wahrscheinlich kommt der Moment ohnehin zu einem Zeitpunkt, den du nicht erwartest. Und dann stellt sich immer die Frage: Bist du dazu bereit?

In „*Eine Geschichte aus zwei Städten*" erzählt der englische Schriftsteller Charles Dickens (1812–1870) die Geschichte der Französischen Revolution, die Ende des achtzehnten Jahrhunderts die Monarchie abschafft und eine Republik herbeiführt. War dies ein guter Zeitpunkt für eine Revolution? War der Zeitpunkt günstig für Heldentum und Kampf? In seiner Einleitung gibt Dickens darauf die Antwort:

„Es war die beste und die schönste Zeit, ein Jahrhundert der Weisheit und des Unsinns, eine Epoche des Glaubens und des Unglaubens, eine Periode des Lichts und der Finsternis. Es war der Frühling der Hoffnung und der Winter des Verzweifelns. Wir hatten

alles, wir hatten nichts vor uns; wir steuerten alle unmittelbar dem Himmel zu und auch alle unmittelbar in die entgegengesetzte Richtung ..."

Einen idealen Zeitpunkt, eine Revolution zu entfesseln, gibt es nicht. Und dennoch ist jeder Zeitpunkt der beste. Wenn du immer nur auf den besten und idealsten Moment wartest, wirst du dein Leben nur in Wartestellung verbringen.

Gott will auch hierbei die Führung übernehmen. Er bereitet alles für diesen Moment vor. Du wirst erleben, wie er beginnt, die Äste unter deinem Nist- bzw. Warteplatz nacheinander zu entfernen. Und eines Tages weißt du, dass der Zeitpunkt gekommen ist. Er kommt früher als später, sonst kommt er vielleicht niemals.

Höre auf Gott! Höre auf dein Herz! Jede Zeit ist die beste Zeit! Und jede Zeit ist die beste Zeit für die Revolution der Liebe und des Lebens!

Trainiere! Sei mutig! Wage den Schritt!

ERSTE FLUGVERSUCHE

Ein Adlernest kann ein enormes Ausmaß erreichen – im Schnitt zwischen 2,5 und 3,5 Meter und manchmal sogar bis zu 3,5 Meter hoch geschichtet. Manche sind so groß, dass die unteren Lagen von anderen Tieren bewohnt werden, ohne dass die Besitzer des Nests das bemerken.

Ein Adler legt meist zwei Eier. Während der ersten Woche pickt das ältere der beiden Tiere das zuletzt geborene oft tot. Nach neun Wochen beginnen junge Adler mit ihrem ersten Flügeltraining. Manchmal werden sie vom Wind kurz aus dem Nest gehoben. Ungefähr drei Wochen später unternehmen die Jungtiere ihren ersten Flug. Manchmal motiviert die Mutter ihre Jungen durch etwas Futter, den Abstand zum Landeplatz zu vergrößern. Sollte der junge Adler noch nicht in der Lage sein zu fliegen, kann es mitunter vorkommen, dass er auf dem Boden aufschlägt und dies nicht überlebt. Das Muttertier greift dann nicht ein.

Die Mutter hilft dem Jungen erst wieder, nachdem es fliegen kann, wenn es darum geht, Beute zu erlegen. Dem Jungen wird also immer nur eine Sache nach der nächsten beigebracht.

8

Im Aufwind schweben

Mit der Kraft des Heiligen Geistes leben

„Aber alle, die ihre Hoffnung auf den Herrn setzen,
bekommen neue Kraft. Sie sind wie Adler, denen mächtige
Schwingen wachsen. Sie gehen und werden nicht müde,
sie laufen und sind nicht erschöpft."
Jesaja 40,31

„Sie sind wie Adler, denen mächtige Schwingen wachsen."

Ohne sich zu rühren schwebt der Adler hoch oben am weiß-blauen Himmel. Er braucht keinen einzigen Flügelschlag, um dort zu kreisen. Und dennoch ist er mehr als 50 Stundenkilometer schnell. Scheinbar mühelos. Dieses endlos scheinende Gleiten des Adlers fasziniert uns Menschen seit Jahrhunderten, so wie es auch Agur in den Sprüchen ausdrückt:

„Drei Dinge sind mir rätselhaft, und auch das vierte verstehe ich nicht: der Flug des Adlers am Himmel, das Schleichen der Schlange über einen Felsen, die Fahrt des Schiffes über das tiefe Meer und die Liebe zwischen Mann und Frau!" Sprüche 30,18–19

Alle diese vier Dinge sind Rätsel: Wie entsteht die Liebe zwischen Mann und Frau? Wie kann ein Schiff auf hoher See gesteuert werden? Wie kann eine Schlange sich fortbewegen? Und wie kann ein Adler so hoch oben und so majestätisch fliegen?

Adler verbringen viel Zeit mit dem Fliegen. Ein Spatz im Vergleich dazu „strampelt" sich ganz schön ab. Sein Tag besteht hauptsächlich aus der Suche nach Futter. Ständig fliegt, springt, hüpft er herum und sucht nach Essbarem. Ein Fischadler hingegen verbringt oft nur etwa zehn Minuten am Tag mit der Jagd. Den Rest der Zeit sitzt oder fliegt er herum. Letztlich ist die ganze körperliche Konstitution des Adlers auch daraufhin ausgelegt, dass er viel fliegen kann. Das Verhältnis zwischen Flügeln und Schwanz, die Stromlinie, sein Muskelaufbau – all das trägt dazu bei, dass der König der Lüfte seinem Namen gerecht wird.

Musik, die belebt

Vielleicht ist dir der Film *„Wie im Himmel"* bekannt. Falls nicht, empfehlen wir ihn dir. Er erzählt die Geschichte des Dirigenten Daniel Daréus, der nach einem Herzanfall in sein Heimatdorf, in die bevölkerungsmäßig ausgedehnte Weite Schwedens, zurückkehrt. Dort ist es ruhig. Aber auch öde. Die Menschen existieren, leben aber kaum. Die Männer sind rau und misshandeln ihre Frauen, entweder schreiend oder durch ihre Tatenlosigkeit. Sie leben wie auf einem Vulkan aus Wut und Verletzungen. Die Frauen fügen sich dem, sie sind hörig, vor allem aber sind sie einsam. Oberflächlich betrachtet scheint es ein normales Dorf auf dem schwedischen Land zu sein. Doch schnell wird deutlich, dass das Dorf auf einem See von Elend, geplatzten Träumen, Kummer, Verletzungen und Schmerz dahintreibt. Die Pastorenfrau huscht durchs Leben wie ein grauer Schatten. Die Prostituierte weint stille Tränen des Kummers. Der Ladenbesitzer zieht über alles und jeden her. Der Dicke lässt sich ständig erniedrigen. Der Grobian erschießt das weiße Kaninchen, poliert seinen tollen Laster und schlägt seine wehrlose Frau. Und der Kirchenchor singt seine uninspirierten Verse.

Mit diesem Chor beginnt die Veränderung.

Daniel Daréus wird gebeten, den Chor zu leiten. Sich zunächst dagegen sträubend nimmt er dennoch die Herausforderung an. Der Chor und der Dirigent machen sich auf die Suche. Als Erstes nach ihren Herzen. *Fühle die Musik. Fühle die Musik tief in dir.* Es kostet Mühe, aber nach Jahren *hören* die Menschen wieder hin. Sie *fühlen* wieder. Sie *sehen* wieder. Also *singen* sie. Und wie! Jeder singt seinen Part und es entsteht *Leben!*

Die graue Pastorenfrau, die ein Leben lang unter der Predigtknute ihres Mannes verbrachte, fängt wieder an, angeregte Gespräche zu führen. Ihre Augen strahlen. Ihr Körper steht aufrecht.

Die Hure, die sich Hinz und Kunz hingegeben hatte, erweist sich als die schönste und liebevollste Frau von allen.

Die misshandelte Frau, die immer wieder bis auf die Knochen erniedrigt wurde, offenbart sich als die stärkste und als diejenige mit der schönsten Stimme.

Der plumpe Dicke, ein Leben lang von seinen Dorfgenossen gescholten, erweist sich als der treueste und reinste unter den Männern.

Und der Schwachsinnige, kategorisch durch jeden an den Rand gedrängt, erweist sich als der Tapferste und derjenige, der letztlich am meisten begreift.

Mit einem Mal entsteht Leben im Dorf. In den Menschen.

Welche Musik hörst du?

„Wenn du aus dem Tritt bist, liegt es vielleicht daran, weil du einem anderen Trommler zuhörst. Marschiere zu der Musik, die du hörst, ganz gleich, nach welchem Takt und woher."

H. D. Thoreau

Während das ganze Dorf erst der düsteren Trommel des Todes lauschte und in Apathie, Zerstörung und Angst versank, erweckten die Klänge des Herzens die Gemeinschaft wieder zum Leben. Für die etablierte Ordnung des Dorfes bedeutete dies zunächst ein „Aus-dem-Tritt-Sein". Eine Abweichung, die so schnell wie möglich wieder in das alte Korsett gezwängt werden musste.

Das Wesen eines Lebens, das durch Gottes Geist bestimmt ist, drückt sich in der Art und Weise des Lebens aus, das er gibt. Gottes Geist bringt eine neue Melodie in dein Leben, tief in dein Herz. Wenn du lernst diese Melodie anzunehmen, wirst du dich anders bewegen, du wirst dich anders verhalten und anders reagieren. Es geht um das Leben, das der Geist schenkt.

„Ist der Geist Gottes in euch, so wird Gott, der Jesus von den Toten auferweckt hat, auch euren sterblichen Leib wieder lebendig machen; sein Geist wohnt ja in euch." Römer 8,11

Beim Thema Heiliger Geist können wir an alles Mögliche denken: an die Gaben des Geistes, das Erfülltwerden vom Geist, die Gefahr, dass der Geist erlöscht oder betrübt wird. Doch das Erste und Wichtigste ist, dass der Geist Gottes zum Leben erweckt! Genau derjenige, der Jesus von den Toten aufweckte, lebt in dir, um dich von Kopf bis Zeh auszufüllen und lebendig werden zu lassen!

Wenn wir über den Heiligen Geist sprechen, dann geht es uns in erster Linie nicht um solche Besonderheiten wie das Prophezeien oder Sprechen in Zungen oder andere außergewöhnliche Ereignisse, die auf das Übernatürliche des Glaubens hinweisen. Es geht in erster Linie um andere Besonderheiten. Und diese sind zahlreich: Wie du redest, wie du aus den Augen blickst, wie du aufs Leben schaust, mit wie viel Lust du einen neuen Tag beginnst, mit wie viel Kraft du lebst, mit wie viel Liebe du über Menschen denkst, inwieweit du Gottes Schöpfung genießt, inwieweit das Wunderbare auch wirklich wunderbar für dich ist und so weiter.

Gottes Geist schenkt Leben. Es ist das Wunderbare und Unsagbare, welches uns offenbart, dass das Gewöhnliche eigentlich das Besondere ist. Dass Liebe so viel stärker ist als Hass, dass die Schönheit viel schöner ist, als dass unsere Sinne sie erfassen können.

„Erwache aus deinem Schlaf! Erhebe dich von den Toten! Und Christus wird dein Licht sein." Epheser 5,14

Es wird Zeit, aus der Apathie zu erwachen, aus der Vergessenheit, aus der Selbstzufriedenheit, und der Musik des Geistes zu lauschen, die tief in deinem Innern spielt.

Lernen, die Musik des Geistes zu erkennen

Der Flug des Adlers ist ein schönes Bild für die persönliche Hingabe an das Wirken des Geistes. Der Adler macht sich die Thermik, den Aufwind zunutze. Flügelschläge kosten den Adler enorm viel Kraft und Energie. Selbst große, mächtige Adler halten ein sich wiederholendes Flügelschlagen nicht lange durch. Aber dadurch, dass der Adler warme aufsteigende Luftströme nutzt, kann er unendlich weit und unglaublich hoch fliegen. Man hat Adler beobachten können, die 6 000 Kilometer nonstop geflogen sind – von Aufwind zu Aufwind, mit nur gelegentlichem Einsatz von Flügelschlägen.

„Aber alle, die ihre Hoffnung auf den Herrn setzen, bekommen neue Kraft. Sie sind wie Adler, denen mächtige Schwingen wachsen." Jesaja 40,31

Ein Adler weiß, was es bedeutet Hingabe zu leben und zuzulassen. Aber wie nun schafft er es so zu schweben? Wie gelingt es ihm, Aufwind für Aufwind zu erkennen?

Die Antwort ist einfach: Er sucht danach. All seine Sinnesorgane sind darauf abgestimmt und ausgerichtet, den nächsten Aufwind zu erkennen. Und weil der Adler so intensiv danach sucht, findet er ihn auch.

Wenn wir die Musik des Geistes in unserem Leben erkennen wollen, ist es wichtig, dass wir den Heiligen Geist „suchen". Dass wir unsere Sinnesorgane auf das Wahrnehmen des Wirkens des Heiligen Geistes abstimmen. Das bedeutet, dass wir uns darauf zu konzentrieren haben, wer der Heilige Geist ist und wie er wirkt. Es bedeutet, Stille zu suchen, um sich gut umzusehen und zuhören zu können. Adler fliegen auch von Aufwind zu Aufwind in der Regel nicht gemeinsam mit anderen, es sei denn, sie befinden sich auf einer Wanderung. Größtenteils sind sie allein unterwegs. In dieser Einsamkeit und Stille sucht der Adler seinen nächsten Aufwind.

Gib Gott die Chance zu deinem Herzen zu sprechen! Suche die Einsamkeit und Stille auf, in der du allein bist mit dir selbst und mit Gott. Sieh dich um, bete, sei still und warte.

Oft sind wir geneigt, das Wirken des Heiligen Geistes auf großen, meist lauten oder beeindruckenden Veranstaltungen zu suchen. Selbstverständlich kann Gott auch dort durch seinen Geist wirken, nur führt Gott oft diejenigen Christen, die für sich persönlich einen neuen Aufwind suchen, in die Einsamkeit und Stille.

Sich in dieser Zeit mit der Bibel, Gottes Wort, zu beschäftigen, spielt dabei eine wesentliche Rolle. Denn wenn du regelmäßig darin liest, wirst du nicht nur Kraft und Dynamik für deinen Alltag verspüren, sondern auch dem Geist Gottes mehr Raum geben, dich zu führen.

Der Unterschied zwischen Adlern und Geiern passt an dieser Stelle. Beide Vogelarten sind miteinander verwandt. Doch zwischen ihnen existieren gravierende Unterschiede. Der größte ist der, dass ein Adler seine Nahrung selbst erbeutet, während der Geier ausschließlich das frisst, was andere erlegt haben. Er ist ein Aasfresser. Zwar gibt es auch einige Adler, die Aas fressen, aber das ist meist durch Not bedingt.

Nun stellt sich die Frage: Wie lebst du als Christ? Als Aasfresser? Fütterst du dich nur mit geistiger Nahrung, die andere für dich „erbeutet", sagen wir besser vorbereitet oder veranstaltet, haben? Besteht deine geistige Nahrung allein daraus, dass du Predigten, Bücher und Studien anderer verschlingst, bringt dich das selbst um eine Menge Vitamine und Mineralien, die in frischer Nahrung enthalten sind. Nährstoffe, die du bestimmt nötig hast, nicht aber mehr so reichlich in einem bereits abgestandenen Angebot vorhanden sind.

Dass du geführt wirst durch den Heiligen Geist, geschieht primär durch die stille Aufnahme von Gottes Wort. Gib Gott die Chance persönlich zu dir zu sprechen, in dem du selbst „jagen" gehst und dich unmittelbar mit der Bibel beschäftigst. Bleib nicht wie ein Geier abhängig von dem, was andere bereits erbeutet haben.

Unbefangen leben

In dem amerikanischen Spielfilmdrama „Die Verurteilten" wird der Bankier Andy Dufresne zu Unrecht zu zweimal lebenslänglich verurteilt, weil er angeblich seine Frau und ihren Liebhaber ermordet hat. Er landet in „Shawshank", einem schwer bewachten Gefängnis, in dem er nun inmitten von Schwerverbrechern alles daransetzt, um zu überleben. Das Leben im Gefängnis kennt keine Barmherzigkeit. Die hohen Mauern haben den Insassen steinerne

Herzen gegeben und ihnen die Menschlichkeit geraubt. Bis eines Tages Andy eine Platte mit dem Gesang italienischer Opernsängerinnen über die Gegensprechanlage laufen lässt. Zum ersten Mal seit Jahrzehnten hören die Männer Musik. Hunderte Männer lassen alles stehen und liegen, womit sie gerade beschäftigt sind und starren fassungslos die Lautsprecher an, aus denen die himmlischen Klänge ertönen. Red, Andys bester Freund, sagte später über diesen Augenblick:

„Ich weiß noch immer nicht, worüber die italienischen Damen sangen. Und ich will es auch nicht wissen. Manche Dinge bleiben am besten ungesagt. Ich stellte mir einfach vor, dass sie über etwas so unvorstellbar Schönes sangen, bei dem dir das Herz schmerzt. Die Stimmen bewegten sich höher und weiter, als man es sich hätte erträumen können. So als ob ein prächtiger Vogel die düsteren Mauern zum Einsturz brachte. Und ganz kurz fühlte sich jeder in Shawshank frei.“

Zur Strafe, weil Andy die Musik vorspielte, kam er zwei Wochen in Isolationshaft. Sie war die schlimmste Strafe, die man in diesem Gefängnis bekommen konnte. Bereits ein paar Tage waren wie eine Folterung. Eine Woche machte Männer verrückt. Zwei Wochen bedeuteten die absolute Hölle auf Erden.

Nach zwei Wochen saß Andy wieder mit seinen Freunden beim Essen und sie sprachen über die Zeit in der Isolation:

„War das zwei Wochen Isolationshaft wert?“
„Eine Leichtigkeit“, antwortete Andy.
„Das ist Isolationshaft nie. Eine Woche darin erscheint einem wie ein Jahr.“
„Mozart leistete mir Gesellschaft.“
„Durftest du den Plattenspieler denn mitnehmen?“
„Nein, er steckte hier (er zeigt auf seinen Kopf) und hier (und er deutet auf sein Herz). Das ist das Schöne an Musik. Sie können sie einem nicht einfach nehmen. Habt ihr nie so über Musik gedacht?“

„Als ich jung war, spielte ich gut Harmonika", sagte Red. „Aber hier schien es mir nicht so angebracht."

„Gerade hier", sagte Andy. „Man braucht sie, um nicht zu vergessen."

„Vergessen?"

„Um nicht zu vergessen, dass es Orte auf Erden gibt, die nicht aus Stein sind. Dass im Inneren etwas ist, wo sie nicht rankommen. Was einfach nur dir gehört."

„Wovon redest du?", fragte Red deutlich irritiert.

„Hoffnung!"

„Hoffnung? Ich sag dir was, Hoffnung ist gefährlich."

Es gibt eine Musik, tief im Innern, die selbst Isolationshaft übersteht. Frag nur mal Christen, die selbst unter schwerster Folter dem Glauben an Jesus treu bleiben. Oder denke an Dietrich Bonhoeffer, der selbst während seiner Gefangenschaft im Konzentrationslager Flossenbürg rührende Zeilen schrieb. Niemand kann die Musik in dir zum Schweigen bringen, die der Geist dir eingibt. Und die Melodie von Gottes Geist spielt immer von Hoffnung.

Hoffnung, dass man Freiheit noch erleben wird. Hoffnung, dass die Geliebte bewahrt bleibt. Hoffnung, dass Gott letztendlich alles zum Guten wendet. Hoffnung, dass das Ende nicht das Ende sein wird. Hoffnung, dass das Leben doch das wunderbare Mysterium ist, wie man es als Kind bereits vermutet hatte. Hoffnung, dass man unbefangen leben kann. In Psalm 84,12 steht:

„Wer ihm rückhaltlos ergeben ist, den lässt er nie zu kurz kommen."

Nicht mehr gefangen. Nicht mehr befangen. Vor Schrecken. Vor Angst. Vor Vorsicht. Vor endlosem Abwägen und Nachdenken. Sondern jetzt leben, und zwar ganz spontan. Mit offenem Visier. Neues entdeckend. – Das ist ein Lebensstil, auf dem Gottes Segen liegt, weil ein Leben mit Unbefangenheit einen unendlichen Lobgesang des Vertrauens darstellt.

Die Musik des Geistes befreit aus dem Gefängnis. Auch, und vielleicht sogar gerade, aus dem Gefängnis des eigenen Ichs – von den eigenen Ängsten und der Engherzigkeit. Gottes Musik befreit dich, um lieben zu können, um zu hoffen und um unbefangen dem Leben entgegenzutreten.

Darf es dich etwas kosten?

Andy Drufesne hatte für ein paar Minuten himmlische Musik zwei Wochen Isolationshaft in Kauf genommen. Was darf es dich kosten, wenn es darum geht, zu erleben, dass Gottes Geist dich führt? In unseren Kirchengemeinden kriegen wir es mitunter mit, wenn Gemeindeleiter und Älteste sich versammeln für Gebets- und Fastenzeiten, um bei schwierigen Entscheidungen eine Führung von Gott zu erbitten. Nun ist das Fasten nicht eine unserer bevorzugten geistlichen Disziplinen. Aber wir haben beide bereits erlebt, dass Fasten an bestimmten Wendepunkten unseres Lebens ein starkes Mittel war, um Gottes Führung zu erfragen. Fasten hat etwas Entschlossenes an sich, denn letztlich bedeutet es, dass man etwas höher erachtet als das Essen. Man ist bereit, dafür einen Verzicht in Kauf zu nehmen.

Nun braucht man nicht jedes Mal, wenn man um Gottes Reden bittet, zu fasten. Allerdings ist es schon wichtig, sich zu fragen, inwieweit man Gottes Führung und Fürsorge erleben will. Oft sagen wir, dass wir auf Gott hören wollen, aber manchmal kostet es uns einiges an Mühe, die Umgebungsgeräusche auszublenden und den Fokus auf Gott so scharf zu stellen, dass man Gottes Stimme auch wirklich versteht. Bist du bereit, diesen Schritt zu tun? Dich abzusetzen und mal auszuklinken? Dich das Ganze etwas kosten zu lassen?

Ein neues Lied

Gottes Geist klingt wie Musik und Gottes Geist erzeugt Musik. Menschen, die erfüllt sind vom Geist, singen unter anderem. Immer wieder. Der Apostel Paulus schreibt im Epheserbrief:

„Lasst euch vielmehr von Gottes Geist erfüllen. Singt miteinander Psalmen, und lobt den Herrn mit Liedern, wie sie euch sein Geist schenkt. Singt für den Herrn, und jubelt aus vollem Herzen!" Epheser 5,18–19

Das klingt komisch – so, als ob Menschen, die vom Geist erfüllt sind, nur in Liedtexten und Erweckungsgesängen oder Psalmen sprechen würden. Was der Bibeltext aber meint, ist, dass Menschen, die erfüllt sind von Gottes Geist, erfüllt sind von einem Lied. Ihr Leben wird erfüllt von der Musik des Geistes. In ihrem Leben spielt also eine neue Melodie.

Sieben Mal heißt es in der Bibel: *Er gab mir ein neues Lied.* Oder: *Ich singe ein neues Lied.* Das ist es, was die Musik des Geistes in einem Menschenleben macht. Es entsteht etwas Neues. Und dies kann auf vielerlei Arten geschehen. Es kann sein, dass Altes wieder aufbricht, dass einer verblassten Ehe neues Leben widerfährt. Oder dass eine vergiftete Beziehung wieder aufblüht und sich neu entfaltet. Lange ziellos geführte Leben finden plötzlich Orientierung und gewinnen dadurch neue Kraft. Alte Augen strahlen wieder wie junge. Es kann auch sein, dass etwas vollkommen Neues entsteht. Dass die alte Lebensweise radikal beendet wird und neue Wege eingeschlagen werden. Dass das Haus verkauft wird und lang schlummernde Träume endlich unbefangen wahr gemacht werden. Oder dass der sichere Job gekündigt und den Sehnsüchten des Herzens endlich nachgegangen wird. Vielleicht aber kommt auch ein frischer Wind in das Gespräch mit Gott, mit neuer Energie, mit neuer Leidenschaft. Manchmal klingt auch in einem buchstäblich das *neue Lied* durch. Es wird etwas Neues komponiert. Etwas Neues geschrieben. Etwas Neues gesagt.

Wenn Menschen das ständige Ringen mit sich selbst aufgeben, aufhören wie wild mit den Flügeln zu schlagen und stattdessen wie der Adler den Aufwind des Geistes aufsuchen, ist auf einmal viel mehr möglich, als sie dachten. Einst unüberwindbare Gräben werden auf einmal überbrückbar. Träume, die man vielleicht schon lange aufgegeben hatte, kommen wieder in Reichweite, und die Kraft und Energie, um diese zu erfüllen, wallen wieder neu in einem auf.

Die Thermik leitet

Der Adler legt in seinem Leben für gewöhnlich große Distanzen zurück. Von einem Territorium zieht er zum anderen. Während ein Spatz am Boden piepsend nur unter enormer Anstrengung einige Meter weiter zu den nächsten Krümeln fliegt bzw. hüpft, ist der Adler oft stundenlang unterwegs, hin zu einem neuen Ziel. Während seiner Wanderung wird er von den Winden getragen durch die Thermik, den Aufwind.

Wenn ein Adler mit der Thermik fliegt, dann gleitet er von Aufwind zu Aufwind. Noch während er mit seinen Flügeln im Aufwind dahingleitet, sucht er bereits den nächsten. So schwebt er von der einen Höhe, die er durch den ersten erreicht hat, in den nächsten Aufwind hinein. Auf diese Weise kann ein Adler nonstop, und beinahe ohne seine Flügelmuskeln zu gebrauchen, Tausende Kilometer weit fliegen.

Als Christen sind wir nicht dazu geboren, wie der Spatz im Hinterhof zu hocken. Wir sind vielmehr dazu geboren, unserer Bestimmung nachzukommen, neue Höhen und die damit verbundenen Perspektiven zu erreichen. Das bedeutet nun nicht, dass man sein halbes Leben lang in einem Flugzeug verbringen oder nach Afrika auswandern muss. So wörtlich ist der Adler-Spatz-Vergleich nicht zu verstehen. Vielmehr wollen wir damit sagen, dass Gottes Ziele für dein Leben oft größer und weitreichender sind, als sie dir vielleicht bewusst sind. Denn die Art und Weise, wie Gottes Heiliger Geist dich durch dein Leben begleiten und dir

Richtung und Zukunft geben will, ist ähnlich wie beim Adler: Du sollst erleben, von Aufwind zu Aufwind getragen zu werden und wie dieser Aufwind dein Gebiet erweitert. Mit der Kraft von Gottes Geist unter deinen Schwingen wird dir vieles leichter fallen, du wirst dich getragen fühlen und du darfst aus einer ganz anderen, aus einer göttlichen Perspektive heraus die Dinge wahrnehmen. Wohin diese Reise führt, ihr Ziel, wird dir oft nicht von vornherein ersichtlich sein. Auch ein Adler kennt bei seinem Abflug und der Suche nach einem neuen Gebiet nicht das Ziel seiner Reise. Aber du darfst vertrauen, dass dir Gott den nächsten Schritt oder die nächste Phase für dein Leben aufzeigen wird. Wichtig ist dabei, dass du unterwegs nicht vergisst, fortlaufend nach der treibenden Kraft von Gottes heiligem Geist Ausschau zu halten und dich auf ihn einzustellen. Wo steigt die Luft auf? Wo wirkt er? Damit meinen wir nicht, dass du nun ständig den neusten charismatischen Strömungen hinterherzurennen hast. Vielmehr solltest du, ausgehend von dem aktuellen Wirken Gottes in deinem Leben, auf die innere Musik des Geistes konzentriert bleiben, um für folgende Schritte und Entwicklungen sensibel zu sein:

Es kann sein, dass du eine Zeit deines Lebens ohne jeglichen spürbaren Aufwind verbringen wirst. Das ist nicht schlimm, solange du zumindest durch vorige Aufwinde ausreichend an Höhe gewonnen hast. Adler können nämlich, sofern sie eine ausreichende Höhe erreicht haben, eine Strecke von bis zu einem Kilometer im Gleitflug verbringen, um den nächsten Aufwind zu erreichen.

Es kann sein, dass du Momente erleben wirst, in denen alles, was du zuvor bezüglich Gottes Reden und seiner Leitung in deinem Leben erlebt hast, etwas schleppender geht. Gerate dann nicht in Panik, sondern bleibe unbefangen und achte darauf, wo die Luft wieder nach oben steigt. – Vielleicht hast du über Jahre deinen Zugang zu Gott vor allem über Anbetungsmusik und das Lesen in der Bibel gestaltet und nun merkst du auf einmal, dass dich Lobpreiszeiten und Bibellesen weniger berühren. Bleibe da aufmerksam, nicht nachlässig und auf den Aufwind ausgerichtet!

Aber vielleicht schenkt Gott dir gerade jetzt eine neue Strömung unter deine Schwingen. Mitunter kann es sein, dass er dich nun auf das Gebet, die Seelsorge oder anderes ausrichten möchte. Vielleicht offenbart er dir aber auch durch die Natur einen neuen Zugang der intensiven Begegnung mit ihm, den du bis dahin noch nicht kanntest. Oder durch eine neue Gottesdienstform. Suche weiter den Aufwind, höre auf die leise Musik des Heiligen Geistes tief in deinem Herzen.

IM AUFWIND

Thermik besteht aus aufsteigenden warmen Luftschichten. Die Sonne erwärmt die Erde, wodurch sich auch die Luft oberhalb der Erde erhitzt. Wenn sich genügend Warmluft angesammelt hat, steigt diese dann auf. Adler benutzen diese Thermik, um sehr hoch und sehr weit fliegen zu können. Auf diese Weise können sie mit einem Minimum an Energie ein Maximum an Strecke zurücklegen. Eine wissenschaftliche Untersuchung zeigte, dass ein Adler im Schnitt nur zwei Minuten pro Stunde mit seinen Flügeln schlägt. Die übrige Zeit verbringt er dank der Thermik ausschließlich im Gleitflug. So kann ein Adler, im permanenten Aufwind gleitend, Tausende Kilometer nonstop fliegen. Messungen bei einem Adler ergaben, dass er in seinem Leben mehr als 500 000 Kilometer geflogen war.

Indem der Adler sich die Thermik zunutze macht, kann er eine Flughöhe zwischen vier und fünf Kilometer erreichen. Gesichtet wurde bereits ein Geier, der als Vogelart mit dem Adler verwandt ist, in 11 500 Meter Höhe. Mönchsgeier beispielsweise fliegen oft in einer Höhe von mehr als sieben Kilometer.

9

Innere Erneuerung

Lerne deinen Glauben zu pflegen!

„Lobe den Herrn, meine Seele, und was in mir ist, seinen heiligen
Namen! [...]der deinen Mund fröhlich macht und du wieder jung
wirst wie ein Adler."
Psalm 103,1+5

Ein Adler achtet auf seine körperliche Verfassung wie auch auf sein Gefieder.

Wie hält man den Glauben, die persönliche Gottesbeziehung, vital und frisch? – Eine Frage, die viele Christen beschäftigt. Sie sehnen sich nach einem erfüllten Leben mit Gott und suchen nach Wegen, ihn stets tiefer und intensiver zu erfahren. *Erfahrungen* und *intensive Erlebnisse* spielen da vor allem in unserer heutigen Zeit für viele eine entscheidende Rolle. In Worte gekleidet spricht man dann von: *dem Zurück zur ersten Liebe, dem neuen Feuer, der Leidenschaft zu Gott, Erweckung, geistiger Erneuerung, neuen Wein in alte Schläuche, der charismatischen Erneuerung, Gott erfahren, Gott fühlen, Gott kennenlernen, aufgehen in Gott, baden im Geiste, sich fallen lassen im Geist, Konferenzen über die Wirkungen, Gaben und die Kraft des Geistes usw.*

All das sind Begriffe, die von verschiedenen Strömungen und Denominationen gebraucht werden und heutzutage christliches Gemeingut sind. Und hinter all diesen Begrifflichkeiten verbirgt sich ein kleinster gemeinsamer Nenner: die Sehnsucht nach mehr, nach mehr geistlichem Erleben. Wir wollen weiter, tiefer, intensiver Gott erleben.

Nur wie kommt man dahin? Das ist die Frage, die wir in diesem Kapitel beantworten möchten. Und wieder einmal lehrt Gott uns am Beispiel des Adlers eine wichtige Lektion fürs Leben.

„Lobe den Herrn, meine Seele, und was in mir ist, seinen heiligen Namen! [...]der deinen Mund fröhlich macht und du wieder jung wirst wie ein Adler." Psalm 103,1+5

Der Psalmist David spricht hier von einer Erneuerung der eigenen Kräfte, jugendlicher Intensität und Vitalität. Das Unbefangene, Reine, Leidenschaftliche unserer Jugend soll wieder Einzug ins Leben finden. Doch wie kann das Beste, Reinste und Stärkste wieder in uns zutage treten, wenn unsere Jugendjahre bereits hinter uns liegen sollten? Wie können wir wieder diese Intensität erfahren? Wie können wir in unserem Glaubensleben wieder in Höhen und

Tiefen gelangen, die wir lange nicht oder vielleicht noch nie für möglich gehalten hatten? Auf die gleiche Art und Weise, wie sich der Adler in seinem Leben immer wieder erneuert.

Das neue Federkleid des Adlers

Ein Adler besitzt ungefähr siebentausend Federn. Diese sind lebenswichtig. Sie lassen den Adler fliegen, schenken ihm Wärme wie Kühlung, bedecken und schmücken zugleich sein Äußeres. Wenn also das Federkleid des Adlers Mängel aufweist oder gar beschädigt ist, verliert der Adler an Kraft, Schönheit und je nach Schwere auch sein Leben. Insofern hat das Federkleid in einem Spitzenzustand zu bleiben. Wie aber gelingt das?

Die Antwort ist relativ einfach: Indem der Organismus des Adlers permanent Feder für Feder ersetzt. Feder für Feder fällt aus und Feder um Feder wird erneuert. Bei vielen anderen Vögeln wechselt das Federkleid abrupt und nahezu schlagartig. Beim Adler hingegen dauert es zwischen zwölf und achtzehn Monate, bis er sein komplettes Federkleid gewechselt hat. So ist es dem Adler möglich, weiter zu jagen, weiter zu fliegen und weiter seine Lufthoheit zu verteidigen.

Eine beständige und andauernde Erneuerung ist also das Geheimnis, wie der Adler seine Frische und Vitalität bewahrt. Immer nur ein paar Federn. Jeden Tag.

Dahinter verbirgt sich eine geistliche Lektion von besonderer Bedeutung. Denn ist es nicht so, dass wir in unserem Glauben ganz oft Lebendigkeit, Kraft und Stärke erwarten, und zwar ganz plötzlich, sodass mit einem Mal alles gut ist? Gelassen sehen wir Abend für Abend fern, lassen uns unterwegs im Auto berieseln durch das Radio, denken an gewöhnlichen Werktagen kaum oder nur gelegentlich an Gott und erledigen die Dinge, die nun mal getan werden müssen. Und dann hoffen wir, dass der nächste Gottesdienst, die vielversprechende Konferenz, zu der wir uns seit Monaten angemeldet haben, das neue Buch, das gerade eingetroffen ist, das soziale Gemeindeprojekt, bei dem wir in ein paar Monaten mal mitmachen werden, die Umkehr in unserem Leben zustande bringen und uns endlich die Erfahrung bescheren wird, nach der wir uns so schrecklich sehnen.

So funktioniert das jedoch nicht.

Im Prozess, das eigene geistliche Leben zu kultivieren und persönliche geistliche Erneuerung zu erfahren, gibt es meist keinen *Bäms!*-Moment. Weder überfällt dich eine geistliche Wiederbelebung noch zuckt sie wie der Blitz aus dem Himmel.

Erneuerung geschieht letztlich nur durch den, der sie initiiert und an uns Menschen verschenkt und uns damit inspiriert: Gott selbst. Und er tut dies auf des Adlers Weise: täglich und immerwährend.

Wege zu Gott

In Psalm 84 wird eine Gruppe Menschen beschrieben, die sich die Erneuerung des Adlers zu eigen gemacht hat:

„Wenn sie durch ein dürres Tal gehen, brechen dort Quellen hervor, und ein erfrischender Regen bewässert das Land. So wandern sie mit stets neuer Kraft, bis sie vor Gott auf dem Berg Zion stehen." Psalm 84,7–8

Es sind Menschen, die ein verdorrtes Tal als Oase erleben. Jeder um sie herum sagt: „Was durchleben wir doch für eine schwere Zeit. Welch ein Rückschlag und welche Mühe." Aber diese Menschen sehen das ganz anders. Für sie – und zwar nur für sie, nicht für die anderen – verändert sich das verdorrte Tal in eine Oase. Von außen scheint es immer noch verdorrt und tot, aber für diese Menschen ist es ein Ort der Erfrischung und des Lebens. Und dort widerfährt ihnen Segen, der als erfrischender Regen herabfällt.

Segen, der so tief empfunden wird, dass er sich kaum in Worte fassen lässt. Er widerfährt ihnen wie ein erfrischender Regen: erquickend, Leben spendend, strömend. Und ihre Kraft nimmt wieder zu. Obwohl die Reise durch ein dürres Tal stets länger dauert und die Müdigkeit eigentlich ständig zunehmen müsste, geschieht bei diesen Menschen das Gegenteil. Ihre Kraft nimmt zu. Ihre Frische, Schönheit und Vitalität nimmt zu und sie kommen singend an den Berg Gottes.

Was ist ihr Geheimnis?

Wie kommt es, dass sie so anders auf Entbehrungen reagieren? Wie kommt es, dass sie so anders mit ihrer Mattigkeit umgehen? Wie kommt es, dass sie so viel mehr Segen erhalten als andere? Wie kommt es, dass die ganze Welt für sie so anders aussieht als für alle anderen Menschen?

Ihr Geheimnis wird in dem Vers zuvor beschrieben:

„Glücklich ist der Mensch, dessen Stärke in dir ist, in dessen Herz gebahnte Wege sind!" Psalm 84,6

Wir haben dies bei vielen Menschen aus der Nähe wahrgenommen. Wenn der Druck stärker und die Müdigkeit größer wird, dann sind gerade diejenigen Menschen die stärksten, die aus tiefster Herzenseinstellung heraus auf dem Weg zu Gott sind.

Die gebahnten Wege des Herzens hat man sich vorzustellen wie Bachbetten. Je tiefer ein Bachbett ausgehöhlt ist, desto leichter strömt das Wasser hindurch. Wenn dein Herz auf ein Ziel ausgerichtet ist, entsteht dort ein Bachbett, und je mehr und je öfter du deine Aufmerksamkeit auf dieses bestimmte Ziel richtest, desto tiefer wird das Bachbett ausgehöhlt.

Wenn dir beispielsweise deine Karriere unglaublich wichtig ist und du dich damit fortwährend beschäftigst, wird ein Bachbett in deinem Herzen entstehen, wodurch deine Gedanken, Gefühle und Aufmerksamkeit immer öfter automatisch in diese Bahn geleitet werden. Dasselbe gilt für zahllose andere Sachen. Menschen, die süchtig nach Pornografie sind, entwickeln Herzenswege – tief ausgehöhlte Bachbetten –, die sie immer wieder in die Scheinwelt der Pornos führen. Menschen, die geldfixiert sind, entwickeln tief ausgehöhlte Bachbetten, die sie auf alle möglichen Arten immer wieder zu ihrem Ziel Geld führen.

Das Prinzip ist immer das gleiche. Insofern gilt es auch in Bezug auf Gott. Wenn du dein Leben auf ihn ausrichtest, wird dein Herz ein tiefes Bachbett formen, das dich immer wieder zu Gott führen wird. Letztlich sucht Wasser immer den einfachsten Weg. So verhält es sich auch mit unseren Herzen und Gedanken. Sie folgen den am tiefsten ausgehöhlten Bachbetten. Und wenn du ein Bachbett hin zu Gott entwickelst, wirst du immer einfacher, öfter, intensiver und tiefer mit Gott in Kontakt kommen.

Das Geheimnis neuer Frische in deinem Glaubensleben liegt letztlich darin, dass du Herzenswege auftust und entwickelst, die bei Gott münden. Menschen, die dieses Prinzip kennen, sind – wie bereits der Psalm sagt – glücklich. Sie reagieren anders auf Schwierigkeiten. Und sie erfahren in ihrem Leben den reichen Segen Gottes wie Regen. In dem Maße, wie die Wanderung fortdauert, werden sie immer aufgeweckter und erfrischter. Sie haben verstanden, dass man sich nicht davon abhängig zu machen braucht, sich irgendwo, bei irgendwelchen einmaligen Gelegenheiten, geistlich aufzupeppen. Von Zeit zu Zeit kann das zwar guttun. Nur, wer das Prinzip der Herzenswege verstanden hat, braucht den Gottesdienst nicht mehr, um die eigene geistige Batterie aufzuladen, sondern dann wird vielmehr der Gottesdienst zu einem Moment, in dem du Gott etwas geben kannst. Du kommst singend und erfrischt an seinen Berg. Die Zeiten, von Konferenz zu Konferenz zu leben, sind dann vorbei, denn du hast gelernt, wie du selbst im Alltag Gottes Fülle erfahren kannst.

Geistliche Disziplinen

Wie geht das konkret? Wie lassen sich Wege zu Gott gestalten und pflegen? Und wie kann man sich immer und immer wieder erneuern, dem Adler ähnlich? Alte Kirchenväter und Theologen haben über die Jahrhunderte hinweg für dieses Thema immer wieder den

Begriff „Geistliche Disziplinen" oder „Geistliche Übungen" benutzt. Sie helfen geistliches Leben zu gestallten.

Das Wort *Disziplin* sorgte in dieser Terminologie immer wieder für Verwirrung und Widerstand. Disziplin bedeutet nämlich vor allem, dass etwas zu leisten ist. Genauer gesagt: Ich. Muss. Etwas. Tun. Diese vier Worte in einem Satz sind tödlich. Ich (Eugène) habe allerdings diese geistlichen Disziplinen mal als „die Rhythmen der Gnade" bezeichnet. Denn bei ihnen geht es weder um ein Müssen noch ein Tun – eher um das Verinnerlichen bestimmter Lebensmuster, die uns Gottes Gnade erleben lassen. Denn will man, was den Glauben betrifft, vital und kräftig bleiben, ist es lebenswichtig, sich einen gesunden Rhythmus aufzubauen, der Raum gibt für Gottes Gnade. Jeder Tag ist dabei wichtig. So wie es die amerikanische Dichterin Annie Dillard ausdrückt:

„Die Art und Weise, wie wir unsere Tage verbringen, entspricht der Art und Weise, wie wir unser Leben führen."

Eine Konferenz oder einen Gottesdienst zu besuchen, wird dein Leben nicht unbedingt bis an dein Lebensende beeinflussen. Aber die Art und Weise, wie du deinen Montag, Dienstag, Mittwoch, Donnerstag, Freitag, Samstag und Sonntag gestaltest und verbringst, von Woche zu Woche, Monat um Monat und Jahr für Jahr, wird letztlich in großem Maße deine Lebensqualität und -vitalität bestimmen.

In erster Linie geht es bei den geistlichen Disziplinen nicht um das Einhalten der „Stillen Zeit", einer regelmäßigen Stille vor Gott, in der du dich ihm näherst und Passagen aus der Bibel liest und betest.

Viele Menschen sind frustriert, weil sie es nicht schaffen, sich täglich einen guten Rhythmus von Bibellese und Gebet einzurichten. Die Folge: Sie verbringen viel Zeit ihres Glaubenslebens in einer andauernden und selbst auferlegten Enttäuschung. Der Schlüssel hier kann einfach sein, festzustellen, dass der Rhythmus einer täglichen stillen Zeit, so wie er für gewöhnlich gelehrt wird, nicht deinem Lebensrhythmus entspricht.

Der amerikanische Pastor John Ortberg schreibt in seinem Buch *„Das Leben, nach dem du dich sehnst"* über geistliche Disziplinen:

„Wir brauchen die Freiheit, um entdecken zu können, wie Gott will, dass wir wachsen, denn sein Entwurf ist nicht für jeden der gleiche."

Jeder Mensch ist eine einzigartige Persönlichkeit. Manche Menschen sind spontan und flexibel, andere eher förmlich und strukturiert. Manche Menschen lieben es, zu lesen und zu schreiben. Andere Menschen mögen es, etwas zu bauen oder zu erleben. Die einen interessieren sich für Kunst und die Natur, während die anderen in Gesellschaft mit anderen Menschen so richtig aufblühen. Jeder von uns ist einzigartig. Und aus dieser deiner gottgegebenen Einzigartigkeit heraus darfst du deine eigenen Herzenswege zu Gott entwickeln.

Vielleicht ist dein vornehmlicher Herzensweg zu Gott Musik zu hören oder zu spielen oder still betend durch die Natur zu wandern oder komplizierte Bibeltexte zu entschlüsseln, sodass andere sie verstehen, oder viel Zeit mit Freunden zu verbringen und ihnen von Gott zu erzählen. Es gibt viele Wege zu Gott. Wichtig ist nur, dass du deine vornehmlichen Herzenswege zu Gott kennst und dich darin übst, sie zu pflegen und weiterzuentwickeln.

Verschiedene Wege zu Gott

Auf dem Buchmarkt gibt es viele verschiedene Bücher über geistliche Disziplinen. Dallas Willards *„Das Geheimnis geistlichen Wachstums"* und Richard Fosters *„Nachfolge feiern"* sind zwei der besten Bücher, die hierüber in den vergangenen Jahrzehnten geschrieben wurden. Dallas Willard zeigt vor allem, dass das

Einüben geistlicher Disziplinen für jeden, der Nachfolge bewusst leben will, *fundamental* und *unentbehrlich wichtig* ist:

„Vollständige Teilhabe am Reich Gottes und ein Leben in der lebendigen Beziehung mit Jesus können wir nur durch richtiges Einüben von Disziplinen für das geistliche Leben erreichen."

Leben im Überfluss, über das Jesus in Johannes 10,10 spricht, hat nur einen Zugang: einen Lebensrhythmus anhand geistlicher Disziplinen einzuüben, der auf Gnade beruht. Letztlich öffnet das Einüben solch geistlicher Disziplinen Kanäle, durch die Gott dein Leben erneuern kann. Dein Leben verändert sich nicht durch die Übungen selbst. Vielmehr vertiefen sie die Herzenswege, wodurch dein Herz die Beziehung mit Gott immer mehr vertiefen und gestalten kann. Richard Foster erläutert in seinem Buch zwölf Kerndisziplinen des geistlichen Lebens. Sie variieren vom Meditieren bis zum feierlichen Zelebrieren, vom Beten und Fasten bis hin zum Dienst und vom Studieren der Bibel bis hin zum Beichten. Eine Aufstellung, die mir (Henk) sehr geholfen hat, ist die der Wege nach außen und innen.

Wege nach außen

Im Alter von 80 Jahren startete Moses durch. Mit nahezu jugendlicher Vitalität fing er seine Lebensaufgabe an: das Volk Israel aus der Sklaverei ins Gelobte Land zu führen. Vierzig Jahre hielt er dem größten Druck stand, dem ein Mensch ausgesetzt sein kann: einigen Millionen Menschen voranzugehen, während diese durch eine verdorrte Wüste zogen. Er führte Kriege gegen Feinde, die auf totale Vernichtung des ihm anvertrauten Volkes aus waren. Er erlebte Hungerperioden, Durst und Erschöpfung mit den Menschen, die er anführte. Er hatte die Enttäuschung wegzustecken, nicht in Kanaan einziehen zu dürfen, weil zehn Späher Gott nicht vertrauten, und hatte das endlose Motzen und Murren im Volk zu ertragen. Und dennoch schien die Wüste für Moses eine Oase zu sein. Sie war der Ort, an dem er mit Gott lebte wie nie zuvor. Der Ort, an dem sein Gesicht in Berührung mit der Herrlichkeit des Herrn kam und so sehr strahlte, dass Menschen ihn nicht einmal mehr anschauen konnten. Der Ort, an dem er vertrauensvoll mit Gott umging, so wie Menschen mit ihrem besten Freund umgehen. Und während seines 80., 90., 100., 110., 120. Geburtsjahres zeigte Moses der gesamten Menschheit, was es heißt, durch Gott erneuert zu werden wie ein Adler.

Was war das Geheimnis von Moses? Sein Geheimnis offenbart sich im 2. Buch Mose:

„Wenn die Israeliten irgendwo ihr Lager aufschlugen, stellte Mose jedes Mal außerhalb des Lagers ein Zelt auf. Er nannte es: ‚Zelt der Begegnung.‘ Jeder Israelit, der den Herrn befragen wollte, musste dorthin gehen."
2. Mose 33,7

Moses stellte immer außerhalb des Lagers in angemessener Entfernung ein Zelt auf, das er „Zelt der Begegnung" nannte. Jeder, der Gott um Rat fragen wollte, hatte dorthin zu gehen. Es lag außerhalb des Lagers – das steht dort nicht ohne Grund. Im Lager fand das normale Leben statt mit all seinen täglichen Aufgaben und Beschäftigungen. Dort hatte Moses das Volk zu führen und To-dos zu bewältigen. Ständig war er in Beschlag, jeder wollte etwas von ihm.

Wir alle kennen diese Normalität: der tägliche Lauf der Dinge, routinierte Abläufe, das Chaos des Alltags. All diese Abläufe sind uns bekannt. Viele unserer täglichen Aktivitäten lassen uns wie auf Autopilot gehen: Frühstück zubereiten, zur Arbeit fahren, Besorgungen erledigen, Waschen und Aufräumen, etc. Diese Normalität gibt uns ein Gefühl von Sicherheit und Gewohnheit, zu viel von ihr führt allerdings auf lange Sicht unwiderruflich zu Stumpfsinn. Dann verliert man die Antennen der Empfindsamkeit für die Stimme Gottes und das Wunderbare und Schöne im Leben.

Moses weiß sich jedoch dem ganz normalen Wahnsinn des Lebens zu entziehen. Der folgende Vers zeigt wie:

„Immer wenn Mose das Lager verließ und zum Zelt ging, traten alle Israeliten an die Eingänge ihrer Zelte und blieben dort stehen. Sie schauten Mose nach, bis er im Zelt der Begegnung verschwunden war." 2. Mose 33,8

Immer, das heißt jedes Mal, wenn Moses zum Zelt der Begegnung ging, standen alle Israeliten vor den Eingängen ihrer Zelte und schauten Moses so lange nach, bis er drinnen war. Moses ging oft zu diesem Zelt. Immer wieder ließ er das Treiben hinter sich und nahm sich bewusst und ausreichend Zeit, um der Normalität zu entkommen. So vermied er es, gegenüber den Dingen, die Gott betrafen, abzustumpfen.

Dass Moses immer wieder in das Zelt der Begegnung mit Gott verschwand, war ein ermutigendes Bild für die Israeliten. Sie erlebten auf diese Weise live mit, dass sich ihr Anführer ganz bewusst Zeit nahm, um Gott zu suchen. Das schenkte Vertrauen und gab inmitten der Wüstenzeit Trost.

Dem Beispiel Moses' zu folgen, ist gerade in unserer heutigen Zeit von besonderer Bedeutung. Auch wir haben uns zu bestimmten Zeiten von unserem Alltag und all unseren Aufgaben, Verpflichtungen und Beschäftigungen zu lösen, um nach *„draußen"* zu gehen und *in angemessener Entfernung* Gott zu begegnen.

Wie kann man das verwirklichen?

Einerseits sehr wörtlich, indem du nach draußen in Gottes herrliche Schöpfung trittst, tief einatmest und ihn dort erlebst:

„Der Himmel verkündet Gottes Größe und Hoheit, das Firmament bezeugt seine großen Schöpfungstaten. Ein Tag erzählt es dem nächsten, und eine Nacht sagt es der anderen." Psalm 19,2–3

Mit diesen Worten beginnt eins der schönsten Gedichte der Weltliteratur, Psalm 19. Der Psalmbeter beschreibt darin, wie Gott durch seine Schöpfung spricht. Der endlos scheinende Horizont, die Weite der Berge, das himmlische Blaus die unzählbaren Grüntöne der Bäume, der rasende Donner, der tanzende Schmetterling, der mächtige Ozean, auf dem man sich ruhig dahintreiben lassen kann, der einen aber auch im Handumdrehen verschlingen kann … Es ist Gott, der zu deinem Herzen sprechen will.

Ab und zu für ein paar Tage dem Alltag zu entfliehen, tut gut. Ob es nun ein Urlaub in einer schönen Gegend ist, eine Auszeit in einem Kloster oder was auch immer. Jesus selbst empfahl seinen Jüngern sich von Zeit zu Zeit freizunehmen. Nach einer sehr intensiven und anstrengenden Zeit sagte er ihnen:

„Geht jetzt an einen einsamen, stillen Platz!', sagte Jesus zu ihnen. ‚Ihr habt Ruhe nötig!' Es waren nämlich so viele Menschen bei ihnen, dass sie nicht einmal Zeit zum Essen fanden." Markus 6,31

Komm! Mit mir. Zu einem einsamen Platz. Ruh dich ein wenig aus.

Die verschiedenen Feste waren beispielsweise für das jüdische Volk ebenso Übungen, um *nach draußen zu gehen.* Die Pilgerfahrt nach Jerusalem, die in den Worten des Psalms 84 beschrieben ist, das Zusammensein, Singen, Essen, Tanzen und Feiern zeigt, was es heißt, Gottes Herz immer mehr kennenzulernen und mit dem eigenen Leben als Antwort darauf zu wachsen.

Andere Möglichkeiten, das *nach draußen gehen* praktisch werden zu lassen, können der wöchentliche Gottesdienstbesuch, das Engagement in einem Hauskreis oder Gemeindedienst sowie der Besuch von Bibelkursen oder -abenden sein. Vielleicht hast du keine Lust, solche oder andere Möglichkeiten regelmäßig aufzusuchen, aber allein schon in dem Weg dorthin, in der Autofahrt oder Fahrradtour, *außerhalb deines Lagers,* steckt unglaublich viel Kraft.

Wege nach innen

Neben den Wegen nach draußen gibt es auch Wege nach innen, die dir helfen Herzenswege zu Gott zu entwickeln. Jesus sagt:

„Wenn du beten willst, geh in dein Zimmer, schließ die Tür hinter dir zu, und bete zu deinem Vater. Und dein Vater, der auch das Verborgene sieht, wird dich dafür belohnen." Matthäus 6,6

Im persönlichen Umgang mit Gott liegt Kraft. Wie du ihn gestaltest, ist dir überlassen. Du kannst ihn meditativ suchen (durch ein Wort, einen Bibelvers oder einen Satz, den du tief in dein Herz sinken lässt), durch Gebet (indem du die Fragen deines Herzens zum Ausdruck bringst), durch Stille (indem du Gott zuhörst), Anbetung (indem du Gott erzählst, wie besonders er für dich ist), durch Fasten (Essen und/oder Luxus entsagen, um dich tiefer, länger und intensiver auf Gott konzentrieren zu können) oder durch diverse andere geistliche Disziplinen.

Wichtig ist nur, dass du dabei deine primären Kommunikationswege mit Gott entdeckst. Vielleicht bist du gut darin, Stille auszuhalten, sodass du eine Viertelstunde oder halbe Stunde erübrigst, um zu beten oder die Bibel zu lesen. Das solltest du dann auch durchhalten. Versuche dich darin zu üben und lass dies zu einem wunderbaren Herzensweg zu Gott werden.

Vielleicht sind es aber auch die Zeiten, in denen du eine klassische CD mit einem aufbauenden Buch genießt, die dein Herz für Gott öffnen. Schaffe dir dann solche Zeiten regelmäßig!

Während meiner Jugend- und Studentenzeit war ich (Henk) sehr diszipliniert, was die stille Zeit betraf. Ich stand früh auf, las eine Passage in der Bibel, betete verschiedene Listen kniend durch und entwickelte auf diese Weise meinen Herzensweg zu Gott. Als ich heiratete, kam dieser Lebensrhythmus auf einmal durcheinander – sowohl die Zeiten, zu denen ich zu Bett ging, als auch die Zeiten, zu denen ich aufstand, veränderten sich und ich musste mir selbst neue Disziplinen beibringen. Als wir dann unsere erste Tochter bekamen, wiederholte sich dieser Prozess. Und wieder, als wir eine zweite Tochter bekamen. Je länger dieser ständige Prozess andauerte, desto weniger funktionierte bei mir die Stille Zeit. Jahrelang war ich auf der Suche danach, meine Beziehung zu Gott neu zu gestalten, und zwar in einer Art, dass ich sie gut pflegen kann und sie mir guttut. Anfang 2008 habe ich dann einen neuen Herzensweg zu Gott für mich entdeckt, der perfekt zu mir passt: das Auswendiglernen.

Ich fasste den Entschluss, in den kommenden zehn Jahren das gesamte Neue Testament auswendig zu lernen. In der Regel überschätzen Menschen das, was sie in einem Jahr erreichen können, und unterschätzen oft, was sie in zehn Jahren erreichen können. Ich hatte das tiefe Verlangen danach, die Bibel viel mehr zu einem Teil meiner selbst werden zu lassen. Und dann hörte ich von Anne van der Bijl, besser bekannt als „Bruder Andrew" – dem Gründer des christlichen Hilfswerks für verfolgte Christen „Open Doors" und einer meiner absoluten Helden –, dass in Hunderten Muslimschulen im Mittleren Osten Tausende Jungen in einem einzigen Fach unterrichtet werden: dem Auswendiglernen des Korans. Die Schüler sind im Durchschnitt zwölf Jahre alt, wenn sie dieses Ziel erreichen. Der Jüngste, der den ganzen Koran auswendig kannte, war vier Jahre alt.

Ich war beeindruckt, dass es Tausende von Menschen gibt, die Jahre ihres Lebens dem Auswendiglernen des Korans widmen. Nur glaube ich, dass die Bibel ein unendlich wertvolleres und stärkeres Buch ist als der Koran. Darüber hinaus hatte ich ohnehin beruflich, im Kontext der Gemeindearbeit, den ganzen Tag mit der Bibel zu tun. Was also sollte näher liegen, als sich einmal mit dem Auswendiglernen des Neuen Testaments zu beschäftigen?

Seit Januar 2008 beschäftige ich mich nun mit meinem Zehnjahresprojekt. Ich lerne vor allem beim Joggen und am Morgen während meiner Gebetszeit. Wie dies meinen Glauben bereichert, kann ich kaum in Worte fassen. Für mich ist diese geistliche

Disziplin ein wunderbar funktionierender Lebensrhythmus von Gnade. Ich erlebe neu und täglich Tiefgang, Stärke und Erweiterung des Umfangs meiner Beziehung zu Gott. Wenn es gut läuft, bin ich in vier Jahren (dann bin ich 40) sowohl in Sachen Geist wie auch Körper topfit!

Nicht probieren, sondern trainieren!

Viele Menschen wollen in ihrer Beziehung mit Gott weiterkommen. Nur das *Wollen* und das tatsächliche diesem *Willen entsprechende Leben* klaffen oft weit auseinander. Nicht umsonst ist es Gott, der sowohl das *Wollen* wie auch das *Vollbringen* in uns bewirkt.

Du hast dich an die Arbeit zu machen, wenn du wirklich in deiner Beziehung mit Gott weiterkommen und wachsen willst. Entdecke deinen Lebensrhythmus der Gnade! Übe dich in den geistlichen Disziplinen! Es ist fast so wie beim Sport. Wenn du eine bestimmte Sportart beherrschen möchtest, reicht es nicht aus sie zu *wollen*, du musst schon in ihr *trainieren*. Immer wieder.

Oft glauben wir, es sei das Beste, die geistlichen Disziplinen alleine einzutrainieren. Schließlich geht es ja auch um die persönliche Gottesbeziehung. Doch das kann ein Trugschluss sein. Denn normalerweise findet ein Training unter Anleitung eines Trainers statt. Und vielleicht ist es gerade für dich das Beste, jemanden aufzusuchen, von dem du glaubst, dass er in den verschiedenen geistlichen Disziplinen erfahren ist, um dich beim Erlernen deiner Disziplinen zu begleiten und zu unterstützen.

Was ich von Katholiken gelernt habe

Gerade evangelische Christen wollen ihre Gottesbeziehung selbstständig gestalten. Doch ich (Henk) habe, was das angeht, viel von unseren katholischen Brüdern und Schwestern gelernt. Vor einiger Zeit habe ich an Exerzitien einer kleinen katholischen Erneuerungsbewegung teilgenommen. Der Leiter der Bewegung gab unserer Gruppe zuvor einen Einblick in den Katholizismus. Eines der Dinge, die ich während der Exerzitien lernte, war die Tatsache, dass es von Weisheit und Stärke zeugt, nicht alles selbst tun zu wollen. Ein anderer Leiter erzählte mir: „Ihr evangelischen Christen wollt eure ganze Beziehung zu Gott selbst gestalten. Ihr formuliert eure eigenen Gebete, wählt eure eigenen Bibeltexte aus und versucht, alles möglichst individuell zu gestalten. Wir Katholiken hingegen treten in den jahrhundertealten Strom der Psalmen, Kirchenväter und Heiligen ein. Ihre Gebete, ihre Art zu glauben und ihre Kommunikation mit Gott sind von einer solchen Intensität, dass sie vieles oft besser beschreiben, als wir es selbst je ausdrücken könnten."

Über diese Worte musste ich nachdenken. Denn tatsächlich beteten wir während dieser Tage ausschließlich liturgische Gebete oder Psalmen. Alles lief nach einer Struktur sowie vorgefertigten Formen und Plänen ab. Das war das „Eintreten in den jahrhundertealten Strom". Mit einem Mal wurde ich durch die Kraft, die sich darin verbirgt, überzeugt und beschloss, 21 Psalmen der Bibel auswendig zu lernen: an jedem Wochentag drei.

Anstatt nur zu beten wie sonst, was ich gerade so „auf dem Herzen" hatte, betete ich nun täglich (und oft mehrmals) drei Psalmen. Von Mal zu Mal spürte ich, wie dieses Vorgehen mein Herz weitete und die Worte an Tiefe fanden. Und ich merkte, wie sich meine anschließenden persönlichen Gebete mit diesem jahrhundertealten Strom vermischten.

Es geht um neues Feuer für Gott, nicht um die Disziplinen

Die geistlichen Disziplinen solltest du dir vorstellen wie Gefährten, die dir helfen möchten, deine Beziehung mit Gott zu gestalten. Im Endeffekt geht es im Kern weder um die Herzenswege noch um die Disziplinen – es geht um Gott. Und darum, das Feuer in der Beziehung mit ihm neu zu entfachen. Henri Nouwen schreibt dazu:

„Lot besuchte Joseph und sprach zu ihm: ‚Joseph, ich halte mich so gut ich kann an eine kleine Regel: Ich faste von Zeit zu Zeit, ich bete und meditiere, ich halte die Stille ein und halte meine Gedanken so gut ich kann geläutert. Was kann ich noch mehr tun?‘ Da stand der alte Mann auf, er streckte seine Hände gen Himmel, wobei seine Finger zu zehn brennenden Fackeln wurden. Dann sprach er: ‚Wenn Ihr wollt, dann könnt Ihr ganz und gar Feuer werden.‘“

GEFIEDER

Die Federn des Adlers sind hohl, flexibel und stark. Aber sie sind federleicht. Das vollständige Federkleid eines ausgewachsenen Adlers mit circa siebentausend Federn wiegt nicht einmal 600 Gramm. Am Körper besteht das Federkleid aus verschiedenen Lagen. Durch diese ist der Adler sowohl vor Kälte als auch vor Hitze gut geschützt. Mit der Pflege und Ordnung seiner Federn verbringt der Adler viel Zeit. Ihm ist es möglich, Wärme auszuschließen oder eben zuzulassen, je nachdem wie er die Federn positioniert.

10

Erfahrung zählt

Je älter, desto besser

„Ihr habt selbst gesehen, was ich mit den Ägyptern
gemacht habe. Ich habe euch sicher hierher zu mir gebracht,
wie ein Adler, der seine Jungen trägt."
2. Mose 19,4

Im Laufe ihrer Lebensjahre lernen Adler immer besser zu fliegen.

Gerald Wolpe war elf Jahre alt, als sein Vater starb. Von da an musste seine Mutter – zu diesem Zeitpunkt war sie gerade 34 – alles allein bewältigen. Sie arbeitete täglich viele Stunden in der Gastronomie. Wenn Gerald morgens zur Schule ging, schlief sie, und wenn er nach Hause kam, war sie bereits zur Arbeit gegangen.

Gerald vermisste seinen Vater jeden Tag, aber es gab für ihn nur wenig Zeit und Raum, seiner Trauer Ausdruck zu verleihen. Jeden neuen Tag begann Gerald daher mit einem festen Ritual: Bereits um halb sechs stand er auf, obwohl für ihn der Unterricht in der Schule erst um halb neun begann, und besuchte die örtliche Synagoge. Er tat dies, um seinen verstorbenen Vater zu ehren.

Nachdem er eine Woche durchgehalten hatte, geschah etwas Merkwürdiges: Mr Einstein, der Schammes (eine Art Küster) der Synagoge, stand frühmorgens vor Geralds Tür. Mr Einstein war nicht mehr der Jüngste. Meist wurde er sogar von einem Auto zur Synagoge gebracht. Jedoch von diesem Tag an stand Mr Einstein jeden Morgen vor Geralds Tür – ohne von einem Wagen gebracht zu werden. Seine Erklärung dafür war einfach: „Dein Haus liegt auf meinem Weg zur Synagoge. Ich muss sowieso hier lang und ich fände es schön, wenn du mir Gesellschaft leistest. Dann brauche ich nicht alleine zu laufen."

Jeden Morgen stand nun Mr Einstein vor Geralds Tür und erwartete ihn, damit die beiden gemeinsam zur Synagoge laufen konnten. Während des Laufens führten sie lange Gespräche und in der Synagoge saßen sie nebeneinander. Sie beteten und sangen zusammen. Als sie einmal auf einem ihrer Morgenspaziergänge eine verkehrsreiche Straße überquerten, nahm Mr Einstein Gerald bei der Hand. Sie wurden Freunde.

Nach der Oberschule nahm Gerald ein Studium in einer anderen Stadt auf. Zu Mr Einstein hatte er nun nicht mehr so häufig Kontakt, aber er blieb trotzdem bestehen. Sie blieben trotz der Distanz Freunde.

Nach ein paar Jahren absolvierte Gerald sein Studium und wurde Rabbi. Er sah dies als ein Geschenk an – für Mr Einstein.

Gerald heiratete und gründete eine Familie. Als er wieder in seiner Heimatstadt war, wollte er gern sein Kind Mr Einstein zeigen. Er rief ihn an. Mr Einstein, der inzwischen mehr als 90 Jahre alt war, freute sich und sagte ihm, dass er das Baby gerne sehen würde, aber dass es ihm nun nicht mehr möglich war, zu kommen.

Gerald schrieb später in sein Tagebuch: „Mir wurde während unseres Telefonats auf einmal klar, dass ich all die Jahre nie gewusst hatte, wo Mr Einstein eigentlich wohnte. Also fragte ich nach der Adresse und Wegbeschreibung und machte mich auf, ihn zu besuchen. Der Weg zu seinem Haus war lang und kompliziert. Mit dem Auto brauchte man gut zwanzig Minuten. Während ich dorthin fuhr, kullerten mir die Tränen die Wangen runter, weil mir währenddessen klar wurde, was Mr Einstein getan hatte. Jeden Morgen war er mehr als eine Stunde zu meinem Haus gelaufen, damit *ich* nicht allein unterwegs sein musste. Mein Haus lag überhaupt nicht auf seinem Weg zur Synagoge; er hatte dafür jahrelang einen sehr weiten Umweg auf sich genommen. Er hatte mir all die Jahre das Gefühl gegeben, dass ich ihm half, indem ich ihm Gesellschaft leistete, aber das Gegenteil war wahr. Er hatte gesehen, wie einsam ich war – ohne meinen Vater –, und er wollte nicht, dass mein Tag ohne einen Freund begann.

Als ich ihm meinen Sohn zeigte, umarmten wir uns. Wir mussten beide weinen. Wir wussten, dass es das letzte Mal war, dass wir einander sahen.“

Je älter, desto besser

Je älter ein Adler wird, desto besser kann er fliegen. Die meisten anderen Vögel fliegen immer schlechter, je älter sie werden. Aber die Anmut des Adlerflugs nimmt mit zunehmendem Alter zu, denn die Technik auf der Thermik zu schweben und diese Aufwinde zu erkennen, erfordert viel Übung. Je älter der Adler wird, desto mehr verfeinert sich seine Flugtechnik und desto besser vermag er die Thermik einzuschätzen.

Auch nimmt binnen der Jahre der Erfolg des Adlers beim Jagen zu. Ein junger Adler greift in neun von zehn Fällen daneben. Beim erwachsenen, erfahrenen Adler steigt die Erfolgsquote von 25 auf 50 Prozent.

Mr Einstein war es gelungen, auf eine sehr gute Art und Weise alt zu werden. Er hatte in all seinen Lebensjahren gelernt nicht nur um sich zu gucken, er hatte gelernt zu *sehen*. Er hatte nicht nur gelernt zu hören, er hatte gelernt *zuzuhören*. Und er war so weise, dass es ihm gelang, Gerald so sanft zu führen, sodass es sich für Gerald anfühlte, als ob er es selbst tat. Gerald durfte dadurch eine unbeschreibliche Erfahrung machen und wachsen. Mr Einstein ist ein wunderbares Beispiel liebender Größe.

Die Gefahr von Bitterkeit

Dass Menschen auf eine gute und gesunde Weise alt werden, körperlich wie emotional und geistig, ist nicht selbstverständlich. Während des Alterns begegnen Menschen allerlei Gefahren und sind mit vielen Herausforderungen konfrontiert. Eine der größten Gefahren ist die Verbitterung.

Mit zunehmendem Alter verlieren viele Menschen ihre Unbefangenheit und ihre Sanftmut. Verbitterung und Zynismus spielen dann eine immer stärkere Rolle. Und die Tatsache, dass Menschen oft zynisch und verbittert werden, ist nicht verwunderlich. Das Leben hält genug Rückschläge, Reinfälle und sehr tiefe Enttäuschungen für uns bereit, um das eigene Herz zuzumachen. Verbitterung und Zynismus sind jedoch tödlich – für einen selbst wie auch für die Umgebung. Der Schreiber des Hebräerbriefs sagt diesbezüglich:

„Achtet darauf, dass keiner von euch an Gottes Gnade gleichgültig vorübergeht, damit sich das Böse nicht bei euch breitmacht und die ganze Gemeinde vergiftet." Hebräer 12,15

Als meine (Henk) älteste Tochter Manoa drei Jahre alt war, wäre sie fast unters Auto gekommen. Mit ihrem neuen Roller, den sie gerade geschenkt bekommen hatte, überquerte sie fröhlich einen Zebrastreifen, als sich ihr ein Auto mit hoher Geschwindigkeit näherte. Ich rief sie, um sie zu stoppen, aber sie hörte mich nicht. Wie in Zeitlupe sah ich dann, wie das Auto auf meine kleine Tochter zuraste, die einfach weiterrollte. Im letzten Moment aber sprang sie von ihrem Roller zurück auf den Bürgersteig. Das Auto rauschte vorbei und verfehlte meine Tochter und den Roller nur um Haaresbreite.

Meine Beine zitterten und ich fühlte mich für Stunden wie gelähmt. Beinahe hätte ich meine Tochter verloren. Dieses Geschehen brachte mich auf den Gedanken, dass ich als Mann und Familienvater nicht alle Dinge, die mir wirklich lieb und teuer sind, unter Kontrolle habe: die Gesundheit meiner Frau und meiner Töchter; die Sicherheit von Menschen, die mir wichtig sind; mein eigenes Wohlergehen …

Ich merkte, wie ich anfing, mir zu wünschen, dass das Leben mit Gott nach bestimmten Formeln und Regeln laufen sollte, wobei Erfolg, Sicherheit und Unversehrtheit jederzeit garantiert sein sollten. Nur, bei Gott gibt es solche Automatismen nicht. Es gibt kein Schema F für ein erfolgreiches und sicheres Leben. In jedem Leben können Dinge geschehen, die einem herzzerreißenden Schmerz bereiten. Das heißt, es wird Rückschläge und Enttäuschungen geben. Und darauf musst du in deiner Beziehung mit Gott eine Antwort finden – vor allem, was dafür notwendig ist, um dir nicht selbst Gottes Gnade zu rauben und verbittert zu werden. Das heißt nicht, dass du Gott keine schwierigen Fragen stellen darfst. Du darfst deine „Warum?"-Fragen, deinen Schmerz, dein ganzes Abmühen und deinen Verdruss Gott gegenüber äußern. Gott kann das verkraften. Aber eine Antwort darauf zu finden, wie du glauben kannst, dass Gott weiterhin gut und dir gnädig ist, ist gerade in Anbetracht deines Verdrusses und der Enttäuschung eine Herausforderung, der du dich ganz persönlich zu stellen hast.

Auf dem Korken der Gnade Gottes treibend

Nach einer Sonntagspredigt in einer nördlichen Stadt der Niederlande kam eine schillernde 80-jährige Oma, die eine unbändige Lebensfreude ausstrahlte, auf mich zu und sprach mich beim Kaffeetrinken an. Mit einer charakteristischen Lebendigkeit und strahlenden Augen fragte sie freundlich: „Du bist noch jung, nicht wahr?" Ich antwortete: „Ja, und Sie sind noch jung im Geist." – „Ja, das stimmt. Ich fühle mich noch genauso jung wie früher, als ich noch ein junges Mädchen war. Und weißt du, woher das kommt? Als ich noch sehr jung war, hatte ich einen Nachbarn, der sagte immer wieder: ‚Ich treibe (und er sprach es lang aus: treeeiiibe) wie ein Korken auf der Gnade Gottes. Ich treeeiiibe auf der Gnade Gottes! Jetzt verstehst du das noch nicht, aber später wirst du es verstehen.' – Später habe ich es verstanden."

Sie fing dann an von Jesus zu schwärmen: „Er ist so gut zu uns, nicht wahr? Jeden Tag aufs Neue! Er ist für unsere Sünden gestorben, aber nicht nur das! Am Kreuz hat er nicht nur unsere Sünden, sondern auch alle unsere Krankheiten getragen. Manchmal bekommt man nicht sofort, was man erbittet, manchmal muss man eine Zeit lang drauf warten, aber glaube mir, er ist da und er sorgt für seine Kinder."

Nach einiger Zeit deutete ich an, dass ich gleich nach Hause zu meiner Frau und Tochter gehen müsse (ich hatte damals erst eine). Sofort strahlte sie wieder:

„O, wie schön! Du hast eine Tochter! Wie alt ist sie?"

„Beinahe zwei."

„Wie schön! Wir haben sechs Kinder, wir hatten aber mal acht. Und wir haben dreizehn Enkel und sieben Urenkel. Und wenn die alle zusammen sind, dann wird gefeiert, das ist so herrlich!"

„Sie hatten acht Kinder?", fragte ich nach.

„Ja", sagte sie und ihre Augen füllten sich mit Tränen. „Wir hatten mal acht. Wo wir wohnen, gibt es viel Wasser. Zwei unserer Jungs sind ertrunken. Einer, als er sechs war, der andere, als er zwölf war. Aber weißt du, damals habe ich Gottes Liebe wirklich kennengelernt, denn in diesen Zeiten hat er mich getragen."

Trotz oder gerade wegen des Verlusts ihrer zwei Kinder hatte diese frohe alte Frau gelernt, auf dem Korken von Gottes Gnade Platz zu nehmen und sich treiben zu lassen. Ihr Vertrauen trotz des schrecklichen Geschehens in ihrem Leben war ansteckend und hinterließ einen tiefen Eindruck bei mir.

Doch auch Bitterkeit kann ansteckend sein, denn sie infiziert viele Herzen, umso mehr, da wir irgendwie eine perverse Neigung zur Selbstzerstörung in uns tragen. Pass also gut auf dein Herz auf. Behüte es! Vor allem wenn du älter wirst. Aus deinem Herzen fließen alle Ströme deines Lebens. Sorge dafür, dass dein Herz sanft bleibt und dass auch die Unglücksfälle des Lebens dich nicht von Gottes Gnade entfernen, sondern gerade dann dich erinnern wie es ist, sich auf dem Korken der Gnade Gottes treiben zu lassen. In 2. Mose 19 erinnert Gott sein Volk an die großartigen Taten, die er in der Vergangenheit für sie vollbracht hat, um ihnen seine Gnade wieder vor Augen zu führen:

„Ihr habt selbst gesehen, was ich mit den Ägyptern gemacht habe. Ich habe euch sicher hierher zu mir gebracht, wie ein Adler, der seine Jungen trägt." 2. Mose 19,4

Erfahrungen aus der Vergangenheit helfen einem, größer in der Gegenwart zu leben. Schaue zurück auf das Gute und Großartige, was Gott in deinem Leben vollbracht hat, damit dein Blick in die Zukunft frisch und stark bleibt.

Die Gefahr von Neid

Junge Menschen wollen etwas in und mit ihrem Leben erreichen. Sie wollen viel und sind überaus engagiert. Nur irgendwann gibt es dann die Phase, in der sie merken, dass sie nahezu alles, was sie erreichen wollten, mitgemacht haben und nun nicht mehr so viel brauchen. Dies ist ein entscheidender Moment, denn gerade wenn man von der Sucht nach mehr befreit ist, entsteht eine neue Offenheit, andere Menschen am eigenen Leben teilhaben zu lassen.

Das Leben von Barnabas ist hierfür ein Beispiel.

Das erste Mal, dass wir Barnabas in der Bibel begegnen, ist in Apostelgeschichte 4. Der Gemeinde in Jerusalem geht es zu diesem Zeitpunkt ausgezeichnet. Sie wächst, genießt hohes Ansehen in der Bevölkerung und es herrschen Ruhe, Friede und Wohlstand. Und Barnabas wird gerühmt als ein hervorragendes Beispiel für die Haltung der Christen in Jerusalem. Er verkauft seinen Acker und schenkt den kompletten Erlös der Gemeinde.

Nach einiger Zeit kippt jedoch die Stimmung in Jerusalem. Es legt sich ein Schatten auf die Gemeinde. Und der wichtigste Vertreter dieses Schattens ist Saulus von Tarsus. Er hat die tödlichen Christenverfolgungen in und außerhalb von Jerusalem entfacht: Menschen werden gefoltert und ermordet, Kirchen verwüstet, Familien ergreifen die Flucht. Unermüdlich ist Saulus mit seinem Werk der Vernichtung zugange. Er zerstört Gottes kostbarsten Besitz: seine Kirche.

Doch dann kommt ganz plötzlich der Moment seiner dramatischen Bekehrung. Mit Inbrunst beginnt Saulus zu bezeugen, was Jesus für ihn getan hat. Aber zurück in Jerusalem, will verständlicherweise niemand etwas von ihm wissen. Für die Gemeinde in Jerusalem ist er nichts weiter als ein Mörder und Verfolger. Und vielleicht war ja diese ganze Bekehrungsgeschichte nur dramatisch in Szene gesetzt, um letztendlich die übrig gebliebenen Gläubigen auch noch zu fassen …

Es gibt nur eine Person, die sich um Saulus kümmert: Barnabas. Er erbarmt sich seiner, so wie sich der Vater seines verlorenen Sohnes erbarmt. Er stellt Paulus den Vorstehern der Gemeinde vor und hilft ihm bei den ersten Glaubensschritten.

Auch ist es Barnabas, der Paulus der Gemeinde in Antiochien vorstellt. Als dort eine Erweckung unter den Griechen stattfindet, wird Barnabas von Jerusalem nach Antiochien geschickt, um die neu entstandene Gemeinde zu leiten. Barnabas holt Paulus aus Tarsus ab und bietet ihm einen Platz in seinem Führungsteam. In Apostelgeschichte 13,1 sind die Namen dieses Teams genannt:

„In der Gemeinde von Antiochia gab es mehrere Propheten und Lehrer: Barnabas, Simeon, genannt ‚der Schwarze‘, Luzius von Kyrene, Manaën, der zusammen mit dem Herrscher Herodes erzogen worden war, und Saulus.“ Apostelgeschichte 13,1

Fünf Männer, von denen Barnabas als reifster und erfahrenster geistlicher Leiter als Erster genannt wird.

In Antiochien handelt es sich um jene Gemeinde, in der Barnabas vom Heiligen Geist angewiesen wird, auf eine Missionsreise hin zu diversen heidnischen Städten aufzubrechen. Und gemeinsam mit ihm erhält auch Paulus, der Typ mit der rauen Schale und dem weichen Kern, der Neubekehrte und zugleich Meisterverfolger, die gleiche Anweisung. – Barnabas, der gute Mann, erfüllt vom Heiligen Geist und voller Glaube, zusammen mit dem Junggläubigen Paulus.

In Apostelgeschichte 14,12 wird Barnabas von den Einwohnern Lystras „Zeus" genannt und Paulus „Hermes". Zeus war der griechische Obergott, der wichtigste aller Götter. Und Hermes war Zeus' Sohn und meist der Wortführer. Es war für die Einwohner Lystras also klar, dass Barnabas der reifere, größere Leiter und Anführer war, während Paulus als „das junge Talent" angesehen wurde – auch wenn sie noch ganz grundsätzlich damit danebenlagen, wen sie da als Götter verehrten.

In der Apostelgeschichte erleben wir Barnabas als außergewöhnlich guten, freigebigen, weisen, barmherzigen und starken Anführer und Leiter. Er spendete den kompletten Erlös aus dem Verkauf seines Ackers für Gottes Werk. Er war der Erste, der ein Auge hatte für die Not des gerade bekehrten Paulus, irgendwo hinzugehören. Er war Leiter der Gemeinde in Antiochien und gab

Paulus dort eine Chance in seinem Leitungsteam. Zusammen mit Paulus begab er sich von Antiochien aus auf seine erste Missionsreise. Barnabas war ein Mann und Leiter, und zwar der einflussreichste weit und breit.

Doch dann kam der Moment, als sich die Verhältnisse änderten. Immer öfter wurde Paulus vor Barnabas genannt und es entstand eine Meinungsverschiedenheit über Johannes Markus. Die Folge: Die Wege von Paulus und Barnabas trennten sich. Paulus überholte Barnabas. Nun war er der Große, der Mann mit Einfluss und Ruf. Doch Barnabas reagiert auf diese Entwicklung vorbildlich. Nirgends hegt Barnabas auch nur eine Spur von Neid oder Groll. Er gönnt Paulus in jeder Hinsicht dessen Erfolg und sein Wachstum als Persönlichkeit. Das zeugt von Größe – dass man sich derart öffnet und so andere in die Lage versetzt, über einen selbst hinauszuwachsen. Und zwar frei von Ambitionen, frei von Neid.

Übrigens eröffnete Paulus Jahre später Timotheus, dass Johannes Markus ihm von großem Nutzen gewesen war. Und den Kolossern schrieb Paulus, dass Johannes Markus sein Mitarbeiter war und ihn tröstete. Scheinbar hatte sich bei Johannes Markus später doch noch alles zum Guten gewendet. Barnabas sei Dank! Barnabas glaubte an ihn, so wie er zuvor an Paulus geglaubt hatte.

Jeder braucht einen Kerl wie Barnabas – jemanden, der an einen glaubt und einen ins Schlepptau nimmt, sonst wird man zu einem Abtrünnigen und verpasst die eigene Berufung.

Lass Jüngere unter deine Fittiche

Moses formuliert es so treffend in seinem monumentalen Gebet, das in Psalm 90 nachzulesen ist:

„Zeige uns, wie machtvoll du eingreifst; auch unsere Kinder sollen deine mächtigen Taten sehen!" Psalm 90,16

Es gibt nur eine bestimmte Anzahl an Eindrücken und Erfahrungen, die man in einem Menschenleben machen kann. Und in dem, was man von Gott erfahren und mit ihm erleben kann, steckt ein bestimmter Aufbau hinsichtlich Tiefsinnigkeit und Mysterium. Psalm 103 sagt:

„Er weihte Moses in seine Pläne ein und zeigte allen Israeliten, dass er gewaltige Taten vollbringen kann." Psalm 103,7

Oft interessieren wir uns in erster Instanz für die Taten Gottes. Wir wollen, dass er für uns wirkt, dass er eingreift, dass er die Dinge regelt. Und wir stimmen unser Gottesbild darauf ab, was er tut und was er nicht tut.

Wenn man, so wie die Kinder Israels, sich nach dem *Werk* Gottes richtet, gerät man in eine ernste Glaubenskrise, wenn Gott nicht so wirkt, wie man es sich wünscht oder es erwartet. Die Lektion, die man in solchen Zeiten lernen kann, ist, dass Gottes *Taten* immer auf seinen darunterliegenden *Wegen* beruhen. Gott handelt vollkommen anders, als du es dir vorstelltest oder wolltest. Das kommt davon, weil Gott oft mit etwas ganz anderem beschäftigt ist als dem, womit du dich beschäftigst. Er hat andere Ziele. Größere Ziele. Er bewegt Menschen auf andere Weise. Wir sehen nur die Rückseite der vielen lose herabhängenden Fäden von diesem herrlichen Teppich, den er knüpft, aber die Wahrheit ist die, dass er dabei ist, etwas ganz Edles zu bearbeiten. – Und wenn man Gottes *Wege* kennenlernt, kann man Gottes *Taten* (das, was er tut oder eben nicht tut) besser einordnen und wertschätzen.

Eine Stufe tiefer als Gottes *Wege* befindet sich Gottes *Herrlichkeit.* Gottes Wege führen zu seiner Herrlichkeit. Die Herrlichkeit Gottes ist das, was die Herzen erfüllt, die Stimmen stocken lässt, die Tränen in die Augen treibt und einem die Erfahrung des vollständigen Nachhausekommens und der intensivsten Sinngebung vermittelt. Die Herrlichkeit Gottes ist das vollendete Teppichmuster, von oben betrachtet, in optimaler Form. Sie lernt man nicht einfach so mal kennen. Sie ist ein Geheimnis. Ein Mysterium. Das Wunder des Lebens weiterzureichen bedeutet, dass man die Herrlichkeit Gottes besser und einfacher kennenlernen kann, wenn Generationen vor einem den Weg von Gottes Wirken durchlebt haben. In gewisser Hinsicht braucht man nicht alles selbst herauszufinden. Man darf da unter die geistlichen Fittiche älterer Generationen kommen, dort stehen und so sich weiterentwickeln.

Natürlich gibt es auch Gefahren für Christen der zweiten oder dritten Generation: Sie laufen Gefahr, die Radikalität und Kosten, die für Nachfolger Jesu bestehen, zu übersehen, weil sie viel geschützter aufwachsen. Allerdings sind ihre Möglichkeiten vergleichsweise um ein Vielfaches größer als die der ersten Generation. Sie haben die Chance durch geistlich reife und erfahrene Väter und Mütter in die Geheimnisse der Wege und Taten Gottes eingeweiht zu werden, was ihnen die Möglichkeit bietet, in das Mysterium der Herrlichkeit Gottes vorzustoßen.

„Zeige uns, wie machtvoll du eingreifst; auch unsere Kinder sollen deine mächtigen Taten sehen!" Psalm 90,16

Die Jüngeren können von den Älteren lernen, wie die Disziplinen der Herzenswege zu Gott zu erlernen sind, wie man mit Enttäuschungen umgeht, wenn Gottes Taten nicht mit unserem Bild von Gott übereinstimmen, wie sich Charakter und Kompetenz ergänzen, wie Aufwinde zu erkennen sind und wie man als Jüngerer unter den Fittichen Älterer steht und so aber Höhen und Weiten erreicht, die sonst in keinem Menschenleben zu erreichen wären.

Darum du, der du geistlich erwachsen bist. Du, der du Taten Gottes gesehen hast. Du, der du Gottes Wege immer besser ergründest, würdest du einem Jüngeren oder mehreren erlauben unter deinen Fittichen zu stehen?

Das Leben weitergeben

Väter und Mütter, reicht das Leben, und zwar wirkliches Leben, an eure Kinder weiter! Belastet sie nicht mit euren frustrierten Ambitionen. Und ihr Opas und Omas, bitte infiziert eure Enkel nicht mit eurem Zynismus, eurer Enttäuschung und Verbitterung, sondern lehrt eure Enkel, wie man auf dem Korken der Gnade Gottes treibt.

Ihr Menschen in den Fünfzigern, lehrt die Vierzig- und Dreißigjährigen, wie man mit den Verlockungen von Geld, Sex und Macht umgeht! Ihr Vierzig- und Dreißigjährigen, verliert euch selbst nicht in euren eigenen blinden Ambitionen, sondern bringt den Zwanzigjährigen bei, wie sie auf gesunde Weise die ersten Schritte beim Studium, auf der Arbeit und bei der Gründung einer Familie unternehmen können! Und Ihr Zwanzigjährigen, zeigt den Teenagern, was ein an Gott hingegebenes Leben in unserer dahintreibenden Gesellschaft wirklich bedeutet!

Investiere täglich in dein eigenes Leben, denn dein eigenes Leben ist hervorragend dazu geeignet, um Menschen in deiner Umgebung zu segnen. In seinem Buch *„Die 7 Wege zur Effektivität: Prinzipien für persönlichen und beruflichen Erfolg"* schreibt Stephen R. Covey:

„Du bist eine Übergangsperson – ein Link zwischen Vergangenheit und Zukunft. Deine eigene Veränderung kann viele, viele Leben nach dir beeinflussen."

Reiche ausgehend von deinen Wunden, deinen Sünden, deiner Stärke und Schwäche das Leben unter der herrlichen Gnade Gottes weiter! Jede Veränderung, die du erlebst, jede Prüfung, die du glänzend bestehst oder um die du herumkommst, bedeutet Leben für Generationen nach dir. Du brauchst nicht die gleichen Fehler zu machen wie deine Eltern. Du brauchst dem Weg der Sünden deiner Väter nicht blindlings zu folgen. Du bist frei, um frei zu sein. Du bist frei, um so zu leben, wie deiner Überzeugung nach ein Leben mit der Stärke des Geistes zu sein hat.

Lebe *dein* Leben. Lebe nicht das Leben deines Vaters, deiner Mutter, deines Bruders, deiner Schwester oder wessen auch immer. Lebe dein Leben und wie immer es auch aussehen mag, gib es an andere weiter. So wie es Larry Crabb von seiner Oma berichtet:

„Mit der Gefühllosigkeit eines neugierigen Jungen fragte ich sie einmal: ‚Oma, wie ist es eigentlich blind zu sein?‘ Ich werde nie vergessen, was sie darauf antwortete. Sie schaute mich mit einem strengen, aber liebevollen Blick an und sagte einfach: ‚Larry, jetzt wo ich nicht mehr sehen kann, kann ich umso mehr für dich beten. Ich werde weniger schnell abgelenkt.‘"

Unter den Fittichen von Eugène

Einer der Menschen, der mir (Henk) erlaubte, unter seine Fittiche zu kommen, ist Eugène. 1998 organisierten wir unser erstes „Athletes in Action" (AIA) Projekt in den Niederlanden. Als 20-jähriger Student bin ich zu Eugène gekommen – der zu jener Zeit Chefsekretär der Agape-Stiftung war –, mit der Bitte, ein groß angelegtes Sport- und Evangelisationsprojekt in den Niederlanden unter der Schirmherrschaft von Agape zu lancieren. Der Plan wurde gutgeheißen und Eugène wurde mein Chef.

Beim ersten AIA-Projekt in den Niederlanden machten ungefähr 110 Jugendliche aus acht verschiedenen Ländern mit. Wir hatten uns vorgenommen, an 23 Plätzen in den Niederlanden und Belgien einen jeweils dreitägigen Crashkurs einer bestimmten Sportart zu veranstalten und diesen mit inspirierenden Impulsen über Gott zu verbinden. Doch bevor wir mit den konkreteren Planungen begannen, veranstalteten wir eine Vorbereitungskonferenz auf einem Ferienbauernhof. Eugène sollte dabei sein, um zu uns zu sprechen und uns weise Ratschläge zu geben.

Die zehn Tage dauernde Konferenz war ein einziges großes Fest. Wir fanden es fantastisch, gemeinsam als Schar von 110 Mitarbeitern ein Abenteuer im Glauben zu wagen. Wir hatten wunderbare Gottesdienste mit starken Predigten, leidenschaftliche Anbetungs- und intensive Gebetszeiten und in unserer freien Zeit trieben wir viel Sport miteinander, machten diverse Waldspiele und bereiteten das Programm für die Sportwoche vor.

All das war neu für uns, also taumelten wir von einer Erfahrung in die nächste. Und irgendwann kamen wir dahinter, dass wir Teamleiter für die Teams benötigen würden und dass wir Teamzeiten einzuplanen und Strukturen anzubringen hatten, damit das Nötigste geregelt war.

Am zweiten oder dritten Konferenzabend saß ich oben im Schlafsaal und bereitete mich aufs Zubettgehen vor. Es war so gegen zwölf, halb eins, als ich plötzlich Eugène sah. Er wollte noch eben zu mir kommen, um mit mir zu sprechen.

„Wie spät gehen die Menschen zu Bett?", fragte er.

Ich fand das eine ziemlich dumme Frage. – Ich war müde und war bereit schlafen zu gehen, aber die meisten der anderen waren noch unten fröhlich am Reden, Spielen und Musizieren. Das konnte doch jeder selbst entscheiden?! Schließlich war diese Woche wie ein Fest und danach würden wir uns an die Arbeit machen.

„Was willst du damit sagen?", fragte ich.

„Nun, die Menschen müssen zu einer bestimmten Zeit ins Bett", sagte Eugène.

Ich antwortete: „Nein, diese Woche wird gefeiert. Sie dürfen einfach so spät zu Bett wie sie wollen."

Da erklärte Eugène mir freundlich, aber bestimmt, dass wenn man mit 110 Menschen zehn Tage lang auf begrenztem Raum lebt, dies unglaublich viel Energie kostet, aber dass es letztlich nicht um diese zehn Tage ging, sondern um die zwei Wochen – die Sport- und Evangelisationswochen –, die folgen würden. Die Mitarbeiter müssten dann noch über die nötige Energie verfügen, um den jungen Menschen, die sie in den Sportcamps treffen würden, das Evangelium zu verkünden. Ich verstand ihn zuerst nicht ganz, aber doch einigermaßen. Nach dem nötigen Schlagabtausch einigten wir uns auf eine Schlafenszeit für alle um halb zwölf.

In den darauffolgenden Jahren habe ich hinsichtlich Organisation, Finanzen, Leitung, Transparenz, Vergebung und zahlreicher anderer Dinge unglaublich viel von Eugène gelernt, aber die erste Lektion, an die ich mich erinnere, war diese: Es ist wichtig, während einer Vorbereitung eine bestimmte Schlafenszeit einzuhalten – auch wenn ich dies noch selbst zu lernen hatte … Doch daran zeigt sich, wie viel er mir in den darauffolgenden Jahren noch zu sagen wusste, als wir begannen, mit Hunderten Menschen um die ganze Welt zu ziehen.

Lernen wollen

Diese Geschichte hat noch eine andere Seite. Ich durfte bei Eugène unter den Fittichen sein, aber Eugène war auch froh, dass ich unter ihnen sein wollte.

Als Henk zu mir (Eugène) kam und mich bat, ihm zu helfen, brauchte ich nicht lange zu überlegen. Vor mir stand ein junger Mann mit einer enormen Liebe zu Gott, Sport und Menschen, die Gott noch nicht kannten. Er war eine starke Persönlichkeit, die sehr wohl wusste, was sie wollte. Ich sah in ihm viel von mir selbst. Darum fanden wir auch schnell zueinander. Aber neben seinen Leiterqualitäten sah ich auch noch etwas anderes in ihm. Er zeigte mir die Haltung, etwas lernen zu wollen. Er wollte von jedem lernen, der ihm etwas beibringen konnte. Nur hatte ich stets gute Argumente aufzufahren, denn er nahm nicht einfach mir nichts dir nichts alles von einem an. Später entdeckte ich beim Coaching von angehenden Führungskräften, dass vor allem eine wissbegierige Einstellung dafür entscheidend ist, wie und ob jemand schnell als Führungskraft heranwächst.

TRUDELFLUG

Der Trudelflug ist eine der spektakulärsten Vorstellungen im Tierreich. Über die Funktion des Trudelflugs sind sich die Wissenschaftler nicht ganz einig: Dient er der Balz oder der Verteidigung des Territoriums? – Was aber das Schauspiel als solches nicht weniger faszinierend macht.

Beim Trudelflug nähern sich zwei Adler, jeder im vollen Flug, bis sich ihre Flügel berühren. Einer von den beiden lässt sich dann auf den Rücken fallen und streckt seine Fänge dem anderen entgegen. Dies wird einige Male wiederholt, bis auf einmal die Fänge beider Adler ineinanderhaken und die Adler in rasender Fahrt beginnen zu trudeln. Es ähnelt ein wenig dem beliebten Kinderspiel, bei dem sich zwei Kinder an den Händen halten und sich dann sehr schnell im Kreis drehen.

Die Adler purzeln übereinander her, kreiselnd und trudelnd, im freien Fall Richtung Erde. Kurz bevor sie aufschlagen würden, lassen sie einander los und fliegen wieder in die Höhe. Ein wahres Kunststück, bei dem jedes kleine bisschen an Flugerfahrung zählt!

[11]

Treue

Ergeben sein und bleiben

„Grüßt die Priska und den Aquila, meine Mitarbeiter in Christus Jesus, die für mein Leben ihren Hals hingehalten haben, denen nicht allein ich danke, sondern alle Gemeinden unter den Heiden. Grüßt auch die Gemeinde in ihrem Hause."
Römer 16, 3–5

Ein Adlerpaar ist sich lebenslang treu.

Der Adler lebt in der Regel monogam. Er bleibt seinem Partner, mit er sich zum ersten Mal gepaart hat, treu solange dieser lebt. – Treue, das ist wieder so eine Eigenschaft, worin der Adler uns als ein starkes Vorbild dient.

Ineke und ich (Eugène) führen eine gute und stabile Ehe. Vor über 30 Jahren haben wir uns füreinander entschieden und einander die Treue versprochen. Dieses Eheversprechen bedeutet uns viel. In weniger guten Zeiten unserer Ehe habe ich deswegen nie an Trennung gedacht. Diese Option gab und gibt es für uns nicht.

Denn die Tatsache, dass man sich im Rahmen der Ehe die Treue versprochen hat, bedeutet nämlich, dass man mit diesem Versprechen die Pflicht hat, an seiner Ehe zu arbeiten. Allerdings begegnen mir manchmal Menschen, die sagen: „Die Liebe zwischen uns ist verschwunden, also werde ich woanders nach Liebe suchen."

Treue und Liebe sind jedoch in erster Linie kein Gefühl, sondern eine Entscheidung. Treu zu sein ist eine Haltung, die auf Vernunft basiert und vom Gefühl genährt wird.

Wir alle kennen zahllose Beispiele von Untreue. Gegenüber der Kirche, der Arbeit und der Ehe ist sie zum Gemeingut geworden. Noch vor gut fünfzig Jahren war das Gros der Arbeiter ein Leben lang demselben Beruf treu. Heutzutage wird aus unterschiedlichsten Gründen der Job etwa alle fünf bis sieben Jahre gewechselt. Und vor gar nicht allzu langer Zeit war es beinahe undenkbar, nicht die Gemeinde der Eltern oder voriger Generationen zu besuchen. Heutzutage jedoch fühlen sich immer mehr Menschen „genötigt abzuwandern". Wenn einem etwas nicht mehr gefällt, lassen viele die Füße entscheiden.

Die Hochzeit ist auch ein Fest der Ringe. Es beginnt mit einem Verlobungsring, danach folgt der Trauring und anschließend das Ring-en miteinander: Ehepaare werden zu Streithähnen. Und wie heißt es so schön: „Liebe macht blind" – aber die Ehe öffnet dir die Augen. Zu heiraten ist herrlich, aber seinem Partner treu zu bleiben, ist eine ganz andere Geschichte.

Das vorbildliche Paar aus dem Neuen Testament

Im Neuen Testament werden nicht viele Pärchen erwähnt. Natürlich gibt es Josef und Maria, die Eltern von Jesus, und Zacharias und Elisabeth, die Eltern von Johannes dem Täufer. Und in der Apostelgeschichte machen wir Bekanntschaft mit dem Statthalter Felix und seiner Frau Drusilla sowie König Agrippa und seiner Frau Bernice. Hier und da wird auch noch ein Paar genannt, beispielsweise als die Frau von Pilatus in Erscheinung tritt und ihrem Mann von einem Traum, den sie hatte, erzählt. Aber so viele Paare werden in der Bibel nicht gezeigt.

Möchte man einen Einblick in das Leben eines gläubigen Paares der damaligen Zeit bekommen, werden die Informationen noch dünner. Josef, Marias Mann, verschwindet so schnell aus dem Blickfeld der Evangelisten, dass es gut möglich ist, dass er starb, als Jesus noch jung war. Auch von den anderen Paaren wissen wir kaum etwas über die Art und Weise, wie sie zusammengelebt und Entscheidungen getroffen haben.

Im Grunde genommen gibt es nur ein einziges Paar, das man sich etwas genauer anschauen kann. Und das Besondere an diesem Paar ist, dass der Name des Mannes *Adler* bedeutet. Das überraschte uns, als wir das Material für dieses Buch zusammenstellten. Aquila und Priszilla heißen die beiden: *Adler* und *alte Frau*. Oder in der Reihenfolge, wie sie eigentlich im Neuen Testament immer vorgestellt werden: Priszilla und Aquila. Die alte (weise) Frau und der Adler … Und die Lektion, die Aquila, der Adler, uns lehrt, ist die Lektion der Treue.

Die Geschichte von Priszilla und Aquila

Priszilla und Aquila werden in sieben Bibeltexten erwähnt. Das erste Mal begegnet man dem Paar in Apostelgeschichte 18,1–3:

„Danach verließ Paulus Athen und kam nach Korinth und fand einen Juden mit Namen Aquila, aus Pontus gebürtig; der war mit seiner Frau Priszilla kürzlich aus Italien gekommen, weil Kaiser Klaudius allen Juden geboten hatte, Rom zu verlassen. Zu denen ging Paulus. Und weil er das gleiche Handwerk hatte, blieb er bei ihnen und arbeitete mit ihnen; sie waren nämlich von Beruf Zeltmacher."

Als Paulus von Athen nach Korinth reiste, traf er ein Flüchtlingspaar: Aquila und Priszilla. Es ist nicht klar, ob Aquila und Priszilla bereits Christen waren. Wahrscheinlich nicht. Wenn sie es gewesen wären, hätte Lukas das vermutlich erwähnt. Die Wahrscheinlichkeit ist also groß, dass Aquila und Priszilla in Korinth Paulus kennengelernt und sich bei ihm für ein Leben mit Jesus entschieden haben.

Auf jeden Fall sind Aquila und Priszilla gastfreundlich. Dieses Ehepaar lädt Paulus ein, bei ihm zu wohnen und mit ihm zu arbeiten. Unterstützt und ermutigt durch die beiden, stellt sich Paulus so auf, dass er in Korinth nun jeden Samstag in der Synagoge über Jesus und den neuen Glauben spricht.

Nach einiger Zeit aber bricht Paulus aus Korinth auf und begibt sich auf die Reise nach Syrien, um endlich der Gemeinde in Antiochien von seinen Fortschritten in Bezug auf das Verkündigen des Evangeliums erzählen zu können. Aquila und Priszilla beschließen, ihr Haus und ihre Arbeit aufzugeben und mit Paulus zu reisen. Es entstand also ein so starkes Vertrauens- und Freundschaftsband mit Paulus, dass die beiden alles aufgaben, um ihn zu unterstützen. Unterwegs kommen sie nach Ephesus, wo sie die örtliche Gemeinde besuchen, in der Paulus spricht. Die Gemeinde hätte gerne gehabt, dass Paulus noch etwas länger bleibt, aber er muss weiterziehen. Priszilla und Aquila hingegen bleiben in Ephesus und verbringen dort einen großen Teil ihres Lebens im Dienst der Gemeinde.

In Ephesus lernen Aquila und Priszilla Apollos, *„einen gebildeten Mann, der sich gut mit den Schriften auskannte"*, kennen. Apollos wird nach Paulus als einer der brillantesten Schriftgelehrten der frühen Gemeinde angesehen. Man nimmt an, dass er möglicherweise einer der Schreiber des Hebräerbriefs war. Dieser Apollos beginnt in Ephesus „geistreich, sorgfältig und freimütig" das Wort Gottes zu verkünden. Aquila und Priszilla hören ihm zu und bemerken seine besondere Gabe, aber auch dass es Lücken gibt in seinem Wissen und seiner Erfahrung. Darum „nehmen sie ihn zur Seite und erklären ihm, was der Weg Gottes beinhaltet".

Dieses Paar ist also nicht nur gastfreundlich (Paulus, du kannst bei uns wohnen.) und dienstbereit (Wir gehen mit dir. Gott weiß wohin.), sondern auch so gut bewandert in den Wahrheiten Gottes, dass sie einem brillanten Gelehrten das Evangelium auf eine Weise auslegen konnten, die seinem Wirken zu voller Blüte und Wachstum verhalf.

Risiko eingehen

In Römer 16,3+4 lesen wir, dass Priszilla und Aquila ihr Leben für Paulus gewagt haben. Wahrscheinlich war dies in Ephesus passiert. Auf seiner dritten Missionsreise kehrte Paulus nach Ephesus zurück und dieses Mal blieb er drei Jahre lang in dieser Stadt. Es war eine tumultartige Zeit. Ephesus war ein Bollwerk der Artemis-Verehrung. Artemis (Diana) war die Fruchtbarkeitsgöttin und Menschenmassen beteten sie an. In Ephesus stand der Artemis-Tempel, der größte Tempel des Altertums und eines der sieben Weltwunder der Antike. Die Stadt Ephesus war bekannt als „Bewahrer" der Artemis-Verehrung und konnte mit einem ständigen Strom an Artemis-Verehrern rechnen, die von nah und fern den berühmten Tempel besuchten und so der Stadt ein gutes finanzielles Einkommen verschafften.

Nun hatte die Arbeit von Paulus in den vergangenen Jahren viel Frucht getragen. So viel, dass die Händler um den Artemis-Kult anfingen, es in ihrem Portemonnaie zu merken. Es wurden weniger Bilder und Nippes verkauft und es kamen weniger Pilger, weil so viele Menschen Christen geworden waren.

Irgendwann geriet die Situation unter dem Anführer Demetrius (der Silberschmied war) aus dem Ruder. Die Bevölkerung von Ephesus strömte in Scharen zum Amphitheater, das damals 25 000 Menschen Platz bot. Es entstand eine Massenhysterie. Lukas bemerkt verächtlich:

„Die meisten wussten nicht einmal, warum sie sich überhaupt versammelt hatten.“ Apostelgeschichte 19,32

Und die Menge skandierte zwei volle Stunden lang: „Groß ist die Artemis der Epheser!“ Die Gefahr bestand, dass Paulus und seine Mitarbeiter gelyncht würden. Letztendlich verlief alles im Sande, aber die Ereignisse beschrieben sehr gut die enormen Spannungen, mit denen die Gemeinde in Ephesus zu tun hatte. Im Brief an die Korinther sagt Paulus:

„Hätte ich mich wohl in Ephesus in Lebensgefahr begeben, wenn ich nicht an die Auferstehung glauben würde?“ 1. Korinther 15,32

„Liebe Brüder und Schwestern! Ich meine, ihr solltet wissen, dass wir in der Provinz Asia Schweres erdulden mussten. Wir waren mit unseren Kräften am Ende und hatten schon mit dem Leben abgeschlossen. Unser Tod schien unausweichlich. Aber Gott wollte, dass wir uns nicht auf uns selbst verlassen, sondern auf ihn, der die Toten zu neuem Leben erweckt.“ 2. Korinther 1,8–9

Inmitten all dieser Spannungen und Todesdrohungen waren es Priszilla und Aquila, *„die für mein Leben ihren Hals riskierten“*. Aus 1. Korinther 16,19 geht hervor, dass Priszilla und Aquila in dieser gefährlichen Stadt die Gemeinde sogar in ihrem eigenen Haus untergebracht hatten! Sie hatten sich völlig mit der Gemeinde von Jesus Christus identifiziert und stellten ihr Haus der Gemeinde als Begegnungsstätte zur Verfügung.

Welcher Mut! Welch ein Risiko war dieses Ehepaar bereit auf sich zu nehmen. Wir wissen nicht genau, wie Priszilla und Aquila

Paulus' Leben gerettet haben, aber in der frühen Gemeinde war dies allgemein bekannt, wovon folgender Satz zeugt: *„Nicht nur ich allein bin ihnen dankbar, sondern die gesamte Heidengemeinschaft."*

Treue bis zum Ende

Was für Eheleute! Sie sind gastfreundlich, sie widmen sich der Ausbreitung von Gottes Reich, sie sind gut bewandert in der Wahrheit der Bibel, sie sind bereit für die Gemeinde ein großes Risiko einzugehen. Aber nicht nur das! – Sie bleiben treu bis zum Ende.

Aus dem Römerbrief (16,3–5) geht hervor, dass sie nach ihrem Aufenthalt in Ephesus nach Rom zurückgekehrt sind und auch dort in ihrem Haus einer Gemeinde vorstanden. Dies ist wieder ein Beweis ihres Muts und ihrer Treue, denn auch Rom war eine für Christen unberechenbare Stadt.

Nach ihrem Aufenthalt in Rom zogen sie wieder nach Ephesus. Dort begegnen wir ihnen zum letzten Mal. Das Leben von Paulus neigt sich dem Ende zu und auch Priszilla und Aquila sehen ihrem Lebensende entgegen. Mehr als zwanzig Jahre sind seit ihrer ersten Begegnung in Korinth vergangen – und all diese Jahre waren sie treu geblieben. Und nun am Ende ihres Lebens dürfen wir wieder einen weiteren Beweis ihrer außerordentlichen Treue beobachten. Paulus sagt in 2. Timotheus:

„Grüß bitte Priszilla und Aquila und alle im Haus des Onesiphorus."
2. Timotheus 4,19

Offensichtlich befanden sich Priszilla und Aquila und „das Haus von Onesiphorus", also die Familie von Onesiphorus, am selben Ort. Priszilla und Aquila hatten die Familie des Onesiphorus in ihrem Haus aufgenommen. Warum? – Einige Kapitel zuvor sagt Paulus:

„Wie du weißt, haben mich alle Christen aus der Provinz Asia im Stich gelassen, sogar Phygelus und Hermogenes. Ich bitte den Herrn darum,

dass er Onesiphorus und allen in seinem Haus barmherzig ist. Denn Onesiphorus hat mir immer wieder geholfen. Er hielt treu zu mir, obwohl ich im Gefängnis war. Als er nach Rom kam, ließ er nichts unversucht, bis er mich fand. Der Herr möge ihm am Tag des Gerichts sein Erbarmen schenken. Gerade du weißt ja, wie viel er auch in Ephesus für mich getan hat." 2. Timotheus 1,15–18

Der Druck auf die Gemeinde war immer größer geworden. Die Verfolgung hatte zugenommen. Paulus war gefangen genommen worden und niemand unter den Christen von Rom wusste eigentlich, wo genau sich Paulus befand. Onesiphorus, ein Freund und Mitstreiter von Paulus aus Ephesus, war damals nach Rom gekommen, um ihn zu suchen und zu unterstützen. Er ließ nichts unversucht und Onesiphorus fand Paulus und ermutigte ihn immer wieder.

Aber irgendwann war etwas schiefgelaufen. Am Ende des Briefes sagt Paulus: *„Nur Lukas ist noch bei mir."* Onesiphorus gab es nicht mehr. Er ist nicht mehr in der Lage, Paulus zu besuchen und zu ermutigen.

Den Worten von Paulus zufolge („Grüße die Familie von Onesiphorus") ist er auch nicht zu Hause in Ephesus. Denn wäre Onesiphorus bei seiner Familie gewesen, hätte Paulus gesagt: „Grüße Onesiphorus und seine Familie."

Was war mit Onesiphorus passiert?

Paulus wünscht ihm Barmherzigkeit „an jenem Tage" der großen Wiederkunft und Urteilsverkündung des Herrn. Und Paulus lobt das Vorbild der Treue, das Onesiphorus abgab, und sagt direkt danach zu seinem Schüler Timotheus:

„Mein lieber Timotheus! Werde stark im Glauben durch die Kraft, die Jesus Christus dir schenkt."
„Als ein guter Kämpfer Jesu Christi musst du so wie ich bereit sein, auch für ihn zu leiden." 2. Timotheus 2,1+3

Das Vorbild des Onesiphorus soll Timotheus zu Kraft und Ausdauer im Leiden inspirieren.

Es gibt zwei Möglichkeiten, wie es nun um Onesiphorus bestellt war. Entweder saß er im Gefängnis, weil er Christ war, den Foltertod erwartend, oder er hatte diesen bereits erlitten. Die Witwe von Onesiphorus war allein mit ihren Kindern in Ephesus hinterblieben. Und dann kamen Priszilla und Aquila und sagten: „Ihr könnt bei uns wohnen. Wir sorgen schon für euch in dieser Trauerzeit." Priszilla und Aquila zeigten Treue bis zum Schluss.

Priszilla und Aquila als Paar

Was für ein Ehepaar! Was für eine Treue! Von der ersten Begegnung mit Paulus an, bei der sie sofort Gastfreundschaft zeigten, sind sie für den Rest ihres Lebens Gott und den Menschen in ihrer Umgebung treu geblieben. Die Gemeinde inmitten des Pulverfasses Ephesus fand einen Platz in ihrem Haus. Und die Gemeinde im unruhigen Rom durfte ihre Adresse als Postanschrift angeben. Paulus durfte bei ihnen wohnen, und der Familie des Onesiphorus wurde ein liebevoller Platz zum Erholen geboten. Und Apollos bekam Nachhilfeunterricht. Priszilla und Aquila haben an vielen Punkten Zeichen gesetzt.

Ein paar Dinge, die auffallen, wenn man sich ihre Geschichte genauer ansieht, sind: Die beiden waren immer zusammen! Stets werden sie gemeinsam genannt. Nie ist es nur Aquila oder nur Priszilla. Das ist bemerkenswert! Die beiden waren wohl ein Paar, das wirklich gemeinsam und miteinander das Leben gestaltete – wie ein Adlerpaar, das auch zusammenbleibt, solange die beiden Vögel leben.

Wie oft aber beobachten wir heutzutage, dass Mann und Frau jeweils ihr eigenes Leben führen: in der Karriere, im Glauben, in Beziehungen … Es liegt Stärke, Kraft und Ausstrahlung darin, gemeinsam ein wirklich tief gehendes Eheleben zu gestalten. Das Risiko, dass die Schere zwischen beiden Partnern noch weiter auseinandergeht, wird gerade dann größer, wenn beide Partner verschiedene Glaubensüberzeugungen haben bzw. wenn einer nicht gläubig ist. Vor einigen Jahren hat man Experimente gemacht, in denen der Versuch unternommen wurde, Adler mit Hühnern zu kreuzen. Ich (Henk) habe ein Foto vom Ergebnis dieser künstlichen Brut gesehen. Es glich mehr einem Huhn als einem Adler!

Wenn ein Adler sich mit einem Huhn vereint, verliert er in der Regel seine Kraft. Nicht umsonst warnt Paulus davor, *„kein ungleiches Gespann"* einzugehen.

Das Zweite, das auffällt ist, dass in fünf von sechs Texten Priszilla zuerst genannt wird. Der Etikette des Altertums nach sollte man doch annehmen, dass es stets „Aquila und Priszilla" heißen müsste. Erst der Mann, dann die Frau. Die Tatsache, dass hier vorrangig die Frau und dann der Mann genannt wird, ist aussagekräftig. Offensichtlich lebte dieses Paar auf eine solche Weise, dass für jeden deutlich war, dass sie als Paar eine Einheit abgaben, in der Priszilla mehr der vorstehende Typ war und Aquila mehr der im Hintergrund agierende. Wahrscheinlich war Priszilla von ihrem Gemüt her spontan und diejenige, die schnell das Wort ergriff. Vielleicht auch diejenige, die nach außen die Führungsrolle übernahm. Aquila hingegen war vermutlich eher der stetige Typ. Er war in der Lage, schwierige Entscheidungen zu treffen: „Wir fahren mit Paulus." „Die Kirche darf in unser Haus." Aquila war also als Mann so stark, das Priszilla unter seiner Leitung florieren und eine großartige Führungsrolle übernehmen konnte, ohne dass Aquila dabei als initiativloser Ja-Sager verblasste.

Ein dritter auffälliger Aspekt ist, dass Paulus in seinen Briefen Priszilla ständig „Prisca" nennt. Prisca ist der Kosename für Priszilla. So freundschaftlich war die Beziehung zu Priszilla und Aquila, dass Paulus sie stets Prisca nennen durfte. Wenn Paulus in Römer 16 insgesamt 26 Namen von Menschen nennt, die er aufs Herzlichste grüßt, nennt er Priszilla und Aquila nicht umsonst als Erste. Sie sind *„seine Mitstreiter in Jesus Christus"* – das ist die größte Ehre, die Paulus jemandem erweisen konnte. Sie haben Schulter an Schulter für das Evangelium gekämpft.

Prisca und Aquila sind in ihrer Liebe, Freundschaft, Mut und Treue ein vorbildliches Ehepaar für alle Gemeinden in jener Zeit gewesen – so wie heute noch für alle Christen.

Bewährte Treue

Mein (Eugène) Vater war ein Musterbeispiel an Treue. An meinem neunten Geburtstag wurde meine Halbschwester in einem psychiatrischen Krankenhaus aufgenommen, wo sie über 42 Jahre wohnte. Zur gleichen Zeit wurde meine Mutter krank. Sie litt an schwerer chronischer Migräne, weswegen sie ganze Tage in einem abgedunkelten Zimmer im Bett verbrachte. Im Laufe der Jahre wurde ihre Krankheit immer schlimmer, sodass sie am Ende fast gar nicht mehr aus dem Bett kam. Ihre Schmerzen waren enorm und die damalige Medizin half nicht wirklich. Infolgedessen beschloss mein Vater, seine Arbeit als Berufssoldat aufzugeben, um meine Mutter zu Hause zu pflegen. Hätte er seine Kariere beim Militär fortgesetzt, wäre er bestimmt General geworden.

Über siebzehn Jahre pflegte er meine Mutter zu Hause. Zwischendurch besuchte er meine Schwester mehrmals in der Woche. Irgendwann bestand sein Leben fast nur noch aus dem Pflegen und Besuchen.

Eines Tages, als meine Mutter sehr krank war und keine Aussicht auf Verbesserung bestand, fragte ich ihn: „Wie hältst du das eigentlich durch?"

Seine Antwort war kurz und bündig: „*Als ich deine Mutter heiratete, versprach ich für sie zu sorgen. Und das ist es, was ich nun tue. Ob ich es nun schön finde oder nicht, ist irrelevant. Außerdem liebe ich sie.*"

Sein Beispiel für Treue hat mich über viele Jahre inspiriert. Als er nach dem Tod meiner Mutter nach Berlin zog, habe ich die Pflege meiner Schwester übernommen. Das war nicht immer

einfach. Regelmäßig besuchte ich sie und wurde oft von ihr fort-
geschickt. Immer wieder wies sie mich ab. Regelmäßig dachte ich:
„Wofür mache ich das eigentlich?!"

Aber dann erkannte ich, dass diese Frage nicht relevant war.
Es war meine Schwester und ich hatte die Verantwortung für ihre
Pflege auf mich genommen. Und das tat ich über zwanzig Jahre –
bis zu ihrem Tod.

Das Beispiel meines Vaters hat mir geholfen, in allerlei Situationen treu zu bleiben. Ob es sich dabei um Beziehungen oder meine Arbeit handelte. Immer wieder gab es Augenblicke, in denen
ich die Neigung verspürte, wegzulaufen und den ganzen Krempel
fallen zu lassen. Tief in meinem Herzen aber wusste ich, dass dies
nicht der richtige Weg war. Im Laufe der Jahre ist Philipper 2,22 zu
einem meiner Lieblingstexte geworden. In diesem Text sagt Paulus
über Timotheus Folgendes:

„Ihr aber wisst, dass er sich bewährt hat; denn wie ein Kind dem Va-
ter hat er mit mir dem Evangelium gedient."

Dass die Treue dich nicht verlässt!

Während der Feier ihres 40. Hochzeitstages wurde eine Oma
von ihrer Enkelin gefragt, was denn das Geheimnis ihrer langen
Treue gewesen sei. Sie antwortete: „Als ich Opa heiratete, habe ich
eine Liste mit zehn schlechten Angewohnheiten deines Opas auf-
geschrieben und dabei beschlossen, dass ich deinem Opa vergeben
werde, sobald er eine dieser schlechten Angewohnheiten zeigen
würde."

Nun wurde die Enkelin neugierig auf die „zehn schlechten Angewohnheiten", die auf der Liste standen. Also fragte sie: „Welche
schlechten Angewohnheiten hast du auf diese Liste geschrieben?"

„Nun, um ehrlich zu sein", antwortete die Oma, „bin ich nie
dazu gekommen, die Liste wirklich zu schreiben. Aber jedes Mal,
wenn dein Opa etwas tat, was mich bis aufs Blut ärgerte, sagte ich

mir selbst: ‚Er hat Glück, dass das auch auf meiner eigenen Liste schlechter Angewohnheiten steht!'"

Im Leben gibt es unwiderrufliche Augenblicke, in denen deine Treue geprüft wird. Plötzliche Gefahr dringt von außen auf dich ein. Es müssen Risiken eingegangen werden. Du wirst verletzt. Jemand anders tritt auf, der auf den ersten Blick besser zu dir zu passen scheint oder dich glücklicher macht. – Das sind Augenblicke, in denen sich Treue zeigt und zu bewähren hat. Salomo, der Verfasser der Sprüche, betete daher leidenschaftlich:

„Gnade und Treue sollen dich nicht verlassen. Hänge meine Gebote an deinen Hals und schreibe sie auf die Tafel deines Herzens, so wirst du Freundlichkeit und Klugheit erlangen, die Gott und den Menschen gefallen."
Sprüche 3,3–4

Das bedeutet, dass du Treue mit dir tragen solltest wie ein Schmuckstück. Der Trauring ist hierfür ein gutes Beispiel: ein Schmuckstück, das dich ständig an den Bund erinnert, den du mit deinem Partner geschlossen hast. Manche Menschen tragen eine Kette mit einem Anhängsel wie ein Kreuz oder einen Fisch oder etwas anderes, um sich selbst und der Außenwelt zu zeigen, dass sie einen Bund der Treue mit Jesus geschlossen haben. Andere Menschen tragen ein Armband, das ihre Treue zum „Was würde Jesus tun?"-Lebensstil ausdrückt. Es ist gut, ein äußeres Symbol zu tragen, das innere Treue verdeutlicht.

Schreibe Treue auf die Tafel deines Herzens! Lass die Dinge, denen du treu sein willst, immer tiefer in dein Herz eindringen! Bete für die Menschen, denen du treu sein willst, bete für die Gemeinde, der du treu bleiben willst, bete für die Ziele, mit denen du dich im Leben verbunden fühlst, sodass die Treue in deinem Wesen immer tiefere Wurzeln schlägt!

Treue wird belohnt

Treue ruft Wertschätzung bei Gott und den Menschen hervor, sagt Salomo. In der Bibel sieht man, dass Menschen, die Treue gehalten haben, einen besonderen Platz im Herzen Gottes einnehmen: Moses blieb ein Leben lang treu und wurde mit einem Ermutigungsbesuch bei Jesus im Gelobten Land belohnt. Elia blieb ein Leben lang treu und wurde von einem himmlischen Wagen abgeholt. Uriah blieb inmitten von Intrigen und Ehebruch seinen Kampfgefährten treu und Gott nannte ihn die ganze Bibel über den Mann, mit dessen Frau David Ehebruch beging.

Wenn wir, die wir gut und treu mit unseren gottgegebenen Talenten umgegangen sind, eines Tages vor dem Thron Gottes erscheinen, lautet das große Willkommenswort:

„Recht so, du tüchtiger und treuer Knecht, du bist über wenigem treu gewesen, ich will dich über viel setzen; geh hinein zu deines Herrn Freude!"
Matthäus 25,21

Am 1. August 1941 wurde Francis Gajowniczek zusammen mit neun anderen zum Tode verurteilt. Kurz zuvor war ein Gefangener aus dem Konzentrationslager Auschwitz geflohen. Und wenn ein Gefangener geflohen war, wurden jedes Mal zehn andere Gefangene (oder zwanzig, das war abhängig von der Laune des Lagerkommandanten) zum Tode verurteilt. Das Urteil wurde meist vollzogen, indem man die zehn zusammen in eine Zelle sperrte und dort vor Hunger und Durst umkommen ließ.

Die sechshundert Mitgefangenen aus der Baracke von Francis Gajowniczek hatten den ganzen Tag in der brennenden Sonne gestanden. Vor Erschöpfung und Sonnenstichen fielen sie bündelweise um. In dem Moment, als Gajowniczek willkürlich auserwählt wurde, den Sühnetod für den entlaufenen Häftling zu sterben, wurde ihm bewusst, dass er seine Frau und seine Kinder nie mehr wiedersehen würde und flehte schluchzend um sein Leben.

In diesem Moment trat ein magerer Mann aus seiner Reihe nach vorn und sagte: „Ich will an der Stelle dieses Gefangenen sterben", während er auf Gajowniczek zeigte und als Erklärung hinzufügte: „Ich habe keine Frau oder Kinder."

Der Lagerkommandant stimmte zu und anstelle von Gajowniczek humpelte Maximiliam Kolbe, ein 47 Jahre alter polnischer Priester, zusammen mit einem sterbenden Gefangenen, den er stützte, zur Todeszelle.

In der Todeszelle, sprach Kolbe täglich Gebete. Er sang, nahm die Beichte ab, ermutigte und unterstützte. Dort, in dieser Hölle, begannen die Männer ohne Essen, ohne Trinken, ohne Kleidung, ohne Licht, nahezu ohne Luft, der Reihe nach zu sterben. Wenn die Wachen kamen, um die Toiletteneimer zu leeren, erwies sich dies immer wieder als überflüssig; verrückt vor Durst hatten sich einige der Männer bereits auf den Urin gestürzt. Manche Männer flehten die Wachen um einen Schluck Wasser an. Andere, in den angrenzenden Todeszellen, fielen übereinander her und zerfleischten einander. Jeden Tag, wenn die Wachen in die Zelle kamen, fanden sie Kolbe im Gebet, stehend oder kniend. Ein Zeuge erzählte, dass wenn Kolbe seine Peiniger ansah, er dies mit einer solchen Intensität tat, dass ihm befohlen wurde zu Boden zu blicken, denn ein paar Wachen hatten wegen seines starken Blicks ein psychisches Trauma bekommen.

Nach zwei Wochen Dahinsiechen waren nur noch vier von zehn am Leben. Nur Kolbe war noch bei Bewusstsein. Es musste wieder Platz gemacht werden, also kam jemand um den vier Übriggebliebenen eine tödliche Spritze zu verpassen. Kolbe saß gegenüber der Tür an der Mauer gelehnt, als sein Peiniger hereinkam. Als dieser die Spritze setzen wollte, streckte Kolbe ihm bereitwillig seinen Arm entgegen, so wie es Jesus am Kreuz getan hatte.

Am 14. August 1941 starb Maximilian Kolbe den Märtyrertod. Alle anderen Gefangenen lagen auf dem Boden, ihre Gesichter waren vom unmenschlichen Leiden erstarrt und verzerrt. Kolbe hingegen saß aufrecht an die Mauer gelehnt, seinen Kopf etwas zur

Seite geneigt. Seine Augen waren geöffnet. Sein Gesicht schien zu strahlen.

„Gnade und Treue sollen dich nicht verlassen. Hänge meine Gebote an deinen Hals und schreibe sie auf die Tafel deines Herzens, so wirst du Freundlichkeit und Klugheit erlangen, die Gott und den Menschen gefallen."
Sprüche 3,3–4

MONOGAME TREUE

Solange er lebt, bleibt der Adler seinem Partner treu. Bevor sich Adler paaren, veranstalten sie einen beeindruckenden Balzflug. Sie fliegen hintereinander her, wobei einer der beiden sich mehrmals in vollem Flug auf den Rücken dreht und seine Fänge dem anderen entgegenstreckt. Es sieht aus wie eine Geste von Verlangen und Hingabe.

Adler pflanzen sich meist einmal im Jahr fort. Manchmal lassen sie ein Jahr aus. Das ist ein Luxus, den sich nur Tiere erlauben können, die eine hohe Lebenserwartung haben. In den Jahren, in denen sie keine Jungen haben, können die Adler Kräfte sammeln.

Die Sorge um die Eier und die Jungen teilen sich das Männchen und das Weibchen. Vom Seeadlermännchen weiß man, dass es in der Brutzeit das Nest regelmäßig mit frischen Koniferenzweigen schmückt. Manche glauben, dass dies der Luftverbesserung, andere wiederum, dass es als Sonnenschutz dient. Der wahre Grund ist noch ein Rätsel.

Gut sterben

Auf Gott gerichtet und mit dem Blick für andere

„In der Mitte und um den Thron herum standen vier mächtige Lebewesen, die überall Augen hatten. Die erste dieser Gestalten sah aus wie ein Löwe, die zweite glich einem Stier; die dritte hatte ein Gesicht wie ein Mensch, und die vierte glich einem fliegenden Adler."
Offenbarung 4,6–7

Mit dem Blick zur Sonne fühlt ein Adler sein Ende nahen.

Wie ein Adler eines natürlichen Todes stirbt, ist beeindruckend: Er sitzt in seinem Nest oder auf einem hohen Felsen, die Flügel hat er am Körper angelegt und seinen Blick zur Sonne gerichtet. Und so stirbt er.

Ich (Eugène) habe in meinem Leben bereits eine Vielzahl unterschiedlichster Menschen kennengelernt. Viele von ihnen verstanden die Kunst in allen Lebenslagen so zu *leben*, wie Gott es gefällt. Sie suchten seine Nähe in allen Umständen und fragten ihn konkret nach seiner Führung durch die jeweiligen Situationen. Dabei waren sie nicht auf sich selbst fixiert, sondern hatten ungeachtet ihrer eigenen schwierigen Umstände noch einen Blick für ihre Mitmenschen. Sie verstanden es als Christen, die Gebote „liebe Gott und liebe deinen Nächsten" gut zu *leben*. Aber seit etwa zehn Jahren wird mir mehr und mehr bewusst, dass es auch eine Kunst ist, gut zu *sterben* und in der letzten Lebensphase deutlich zu machen, dass Jesus der Herr über das eigene Leben wie den Tod ist.

Gut zu sterben ist eine Kunst. Manche Menschen, wenn sie mit dem eigenen Tod konfrontiert sind, sterben mit einem völlig nach innen und selbstbezogenen Blick. Für ihre Familie oder Freunde haben sie weder Platz noch Zuwendung übrig. Alles dreht sich nur noch um ihre eigene Welt und den Abschied. Sind sie dann gestorben, haben sie ihren Angehörigen oft ein tiefes Loch hinterlassen, denn viele Fragen blieben unbeantwortet und viele Dinge unausgesprochen. Oft stehen die Hinterbliebenen dann mit ihrem Bedauern, ihren Fragen oder vielleicht sogar mit Groll und Zorn alleine da.

Andere Menschen leugnen bis zuletzt ihr Sterben gegenüber sich selbst und ihrer Umgebung. Sie gehen damit so locker wie möglich um und sprechen über zahllose Dinge, nur nicht über ihr Sterben. Wenn die Person dann aber gestorben ist, bleibt auch in diesem Falle vieles unausgesprochen, unverarbeitet und unvorbereitet zurück.

Ein Adler stirbt würdevoll. Er fühlt sein Ende nahen. Und er kehrt zu jenem Ort zurück, den er als sein Zuhause betrachtet.

Dort fokussiert er sich auf die Sonne, in vielerlei Hinsicht die Quelle seines Lebens. Sein ganzes Leben hat der Adler viel mit der Sonne zu tun gehabt. Er schwebte auf der sonnenerwärmten Luft, er hat sich ihr immer höher und höher genähert und tagein, tagaus von ihr wärmen lassen. Seine letzten Stunden verbringt er mit dem Blick zur Sonne, um schließlich in Frieden dahinzuscheiden.

Gut zu sterben hat vor allem mit zwei Sachen zu tun: der eigenen Vorbereitung auf den Tod und die Lieben auf den eigenen Tod vorzubereiten. Für beides trägst du eine Verantwortung. Du bist also nicht nur verantwortlich für dein eigenes Ableben, sondern auch dafür, deine Nächsten so zu verlassen, dass sie auf eine gute Weise weiterleben können.

Gedanken über den Tod

Der Tod spielt in unserem Leben eine größere Rolle als wir oft annehmen. Irgendwo in den Tiefen unseres Bewusstseins, in unseren Überlegungen und Entscheidungen, spielt der Tod immer eine Rolle. Menschen allerdings, die (noch) nichts davon wissen, dass Jesus die Macht des Todes am Kreuz durch seine Auferstehung zerschlagen hat, werden gemäß des Hebräerbriefs wohl „ihr ganzes Leben von Angst vor dem Tod" beherrscht. Die meisten Philosophen stimmen mit dieser Ansicht überein, denn die tiefste Angst des Menschen ist stets die vor dem eigenen Tod. Deswegen ist ein Mensch auch zu schlichtweg unmöglichen Leistungen imstande, wenn er sich selbst der Todesangst ausgesetzt sieht. So wie beispielsweise der amerikanische Bergsteiger Aron Ralston, der 2003 während einer Canyonwanderung im Blue John Canyon in Utah verunglückte. Bei einem Sturz wurde seine rechte Hand zwischen zwei Felsbrocken eingeklemmt. Fünf Tage verbrachte Ralston in dieser misslichen Lage, ehe er sich entschied, konfrontiert mit dem eigenen Tod, mit einem Taschenmesser seine Hand abzusägen. Anschließend band er sich den Arm ab und überlebte so das Unglück.

Die Angst vor dem Tod setzt in uns enorme Kräfte frei, um zu überleben. Nur ist es wichtig, Gedanken über den Tod anzustellen, ehe wir mit diesen Ängsten konfrontiert sind. Auch um nicht ein Leben lang von der Angst vor dem eigenen Tod getrieben zu sein.

Doch wie wird der eigene Tod vonstattengehen? Wie wird es sein? Und was wird einem dann durch den Kopf gehen?

Floris Bakels, ein niederländischer Widerstandskämpfer während des Zweiten Weltkriegs und späterer Antikriegsschriftsteller, wurde im Nazigefängnis in Utrecht mit der Möglichkeit eines ihn schnell ereilenden Todes konfrontiert. In seinem Bestseller *Nacht und Nebel* schreibt der holländische Christ, wie er dort im Gefängnis über den Tod dachte:

„Wenn man dem Tod direkt entgegensieht, wird man manchmal sehr ruhig. Man kann sich das nur vorstellen, wenn man über eine große Einbildungskraft sowie Mut und Konzentration verfügt: sich in den Zustand vertiefen, dass man dem eigenen Tod entgegensieht. Du bist allein. Es gibt keinen Ausweg mehr. Keinen. Keine Menschen mehr. Keinen Aufschub, keine Ablenkung, keine letzte Berufung, die man einlegen kann, keine Gnade. Es ist nichts mehr übrig als eine Kreatur, allein, nackt, ohne alles, mit nichts, vor einem leeren Ozean und darüber ein Sternenhimmel, wohin du gleich gehen wirst. (…)

Du sitzt in einer Zelle, von allen und allem verlassen, in einem Vakuum, und versuchst Gott von Angesicht zu Angesicht gegenüberzustehen. Du weißt, vielleicht sind das meine letzten Stunden, meine letzten, *meine letzten …*

Ich kann mich auf niemanden und nichts mehr berufen, ich kann niemanden zu Hilfe rufen, keinen Vater, keine Mutter, keinen Mann, keine Frau, keine Geliebte. Es gibt keinen Aufschub mehr, keine Alternative. Ich muss Gott von Angesicht zu Angesicht gegenübertreten und dies ist meine letzte Stunde. Dieses Herz hört gleich auf zu schlagen und ich gehe in ein unbekanntes Reich – von vor meiner Geburt, vielleicht …

Bald brauche ich keine Kleider mehr. Dann wendest du dich zu Jesus Christus, ein menschliches Wesen, ein menschlicher Gott, ein Vermittler, der uns versteht, der in uns ist und Gott ist."

Die Ambivalenz des Todes bei Christen

Dann wendest du dich zu Jesus Christus, schreibt Floris Bakels. Doch selbst mit Jesus Christus bleibt der Tod etwas Zweischneidiges. Natürlich ist es wahr, als Christ braucht man keine Angst mehr vor dem Tod zu haben. Als Lazarus gestorben war, sagte Jesus zu Marta:

„Und wer lebt und mir vertraut, wird niemals sterben. Glaubst du das?"
Johannes 11,26

Christen brauchen nicht mehr zu sterben. Der Hebräerbrief beschreibt, dass Jesus ganz Mensch wurde, sodass er durch seinen Tod ihn, den Teufel, der die Macht über den Tod besaß, entthronen und alle befreien würde, die während ihres ganzen Lebens aus Angst vor dem Tod zur Sklaverei verdammt waren.

Durch seinen Tod am Kreuz hat Jesus den Teufel von diesem Thron heruntergestoßen. Und nun, da der Teufel entmachtet wurde, ist auch die Macht des Todes gebrochen. Wir brauchen uns also nicht mehr von der Angst des Todes beherrschen zu lassen. Wegen der Auferstehung von Jesus verspottet Paulus sogar den Tod:

„Tod, wo ist dein Sieg? Tod, wo bleibt nun deine Macht?" 1. Korinther 15,55

Denn:

„Das Leben hat den Tod überwunden!" 1. Korinther 15,54

Am Kreuz hat Jesus die Macht von Tod und Sünde gebrochen, sodass wir für immer leben werden! Der Sieg ist erreicht!

Aber …

Ja, es gibt ein kleines Aber. Denn das oben Aufgeführte ist zwar vollkommen wahr, aber noch nicht vollkommene Realität. In den vorigen Versen, ehe Paulus den Tod verspottet und herausfordert, erzählt er von der Wiederkunft Christi, seinem zweiten Kommen, wenn die Toten aufgeweckt werden sollen. Und da sagt er:

„Wenn aber dieser vergängliche und sterbliche Körper unvergänglich und unsterblich geworden ist, dann erfüllt sich, was die Propheten vorausgesagt haben: ‚Das Leben hat den Tod überwunden!‘" 1. Korinther 15,54

Dahinter steckt eine Wahrheit, die aber noch nicht vollkommene Realität ist. Wir leben in einem *bereits schon* und *noch nicht,* denn wir leben in einer Realität, in der der Tod nicht mehr die ursprüngliche Dimension des Todes besitzt, und doch bleibt er etwas Schreckliches.

Einerseits hat man sich den Tod vorzustellen wie den Übergang von einem Gefängnis in einen Palast hinein, wie einen Übergang vom Schlafen zum Erwachen, von Widerständen hin zur Liebe, wie einen Ausweg aus dem tosenden Meer hinein in einen sicheren Hafen. Es ist wie der Wechsel von Enttäuschung, Missgeschick und Streit hin zu Friede, Freude und Glanz. Doch andererseits bleibt vieles am Tod traurig und oft niederschmetternd.

Letztlich aber gilt: Der Tod ist keine Endstation mehr, sondern ein Tor. Er öffnet für jeden, der an Jesus Christus glaubt, eine Tür zu einer neuen Realität, der Welt Gottes. Und wenn wir durch den Tod in dieser Herrlichkeit Gottes aufgehen, kommen wir dahinter, dass unser Leben auf Erden wie ein ferner Traum war und das echte Leben nun begonnen hat. Aber damit wollen wir nicht sagen, dass per se jeder Christ friedvoll sein Lebensende findet und stirbt.

Das Sterben von Christ und Hoffnungsvoll

Jemand, der dies treffend und sehr gefühlvoll einsah und darstellte, war John Bunyan in seinem Meisterwerk *Die Pilgerreise*. Am Ende der Reise erreichen *Christ* und sein Freund *Hoffnungsvoll* das Tor der Stadt Zion. Um zum Tor der Stadt zu gelangen, müssen sie jedoch erst durch einen Fluss waten – den Tod.

„Die Pilger (Hoffnungsvoll und Christ) standen dort mit verzweifelten Augen, aber die Männer, die mit ihnen gegangen waren, sagten: ‚Ihr müsst da durch, sonst erreicht ihr das Tor nicht.‘

‚Gibt es denn keinen anderen Weg, um die gegenüberliegende Seite zu erreichen?‘ ‚Ja schon, aber seit Beginn der Welt gab es nur zwei Menschen, die den anderen Weg gehen durften; das waren Henoch und Elia.‘ (…)"

Hoffnungsvoll und Christ laufen zum Ufer des Flusses und springen ins Wasser. Christ geht sofort unter und ruft:

„‚Hoffnungsvoll! Hilfe! Ich versinke im tiefen Wasser, die Wellen überspülen meinen Kopf, alles Wasser von Gott stürzt auf mich ein!‘ ‚Hab Mut, Bruder!‘, rief Hoffnungsvoll. ‚Ich fühle den Grund, du kannst hier gut stehen!‘ Aber Christ schrie: ‚Die Angst vor dem Tod hat mich völlig im Griff! Nie werde ich das Land erreichen, wo Milch und Honig fließen.‘"

Hoffnungsvoll übersteht die Prüfung im Fluss etwas besser und hilft Christ bei der Überfahrt. Nach langem Ringen erreichen beide sicher das Tor, um danach in die Stadt Zion geführt zu werden.

Obwohl es wahr ist, dass der Tod besiegt ist und nichts weiter als ein Übergang in die Wirklichkeit Gottes darstellt, kann es passieren, dass die Angst und Panik des Todes einen überfallen und der Tod schmerzhaft, traurig und niederschmetternd bleibt.

Lebe, dass du bereit bist zu sterben

Einer der Schrecken des Todes ist die Tatsache, dass er ein unausweichlicher Augenblick ist, in dem die Bilanz deines Lebens gezogen wird. Vielleicht ist es dir schon einmal aufgefallen: In dem Maße wie Menschen älter werden, sprechen sie viel häufiger von früher. Warum ist das so? – Weil ganz einfach die Zukunft älterer Menschen immer kürzer wird. Ihnen drängt sich immer mehr die Erkenntnis auf, dass das eigene Leben, welches ihnen geschenkt und anvertraut wurde, gelebt ist. Es gibt keine zweite Chance.

Einerseits mag sich nun das Gefühl einstellen, dass im Leben doch mehr möglich gewesen wäre. Dass man mehr aus seinem Leben hätte machen müssen, als man getan hat. Dass man seinen Geliebten mehr Zeit hätte widmen müssen, ebenso Gott.

Andererseits ist es nun möglich weichenstellende Entscheidungen zu treffen, die Zufriedenheit für die Zukunft geben, wenn man selber stirbt.

In „*Der Tod des Iwan Iljitsch*" beschreibt der russische Autor Leo Tolstoi (1828–1910) die Gedanken des sterbenden Iwan Iljitsch. Iwan, ein hoher Gerichtsbeamter, hat sein ganzes Leben lang *korrekt* gelebt. Er hat eine gute Ausbildung genossen, hart gearbeitet, Beförderung erhalten, geheiratet, eine Familie gegründet und weiß nun, dass er nicht mehr lange zu leben hat. Er blickt auf sein Leben zurück. Was er sieht, erfüllt ihn mit Abscheu. Die einzigen wirklich guten Momente, an die er sich erinnern kann, sind die Momente aus seiner Kindheit. Je älter er wurde, desto mehr geriet die pure Freude in den Hintergrund.

„Die ganze Beschäftigung mit dem Geld: ein Jahr, zwei, zehn und zwanzig Jahre, und immer dasselbe. (...) Es war, als ob ich dauernd bergab ging, während ich glaubte, bergauf zu gehen. Nach der Meinung der anderen ging ich auch bergauf, aber mit derselben Geschwindigkeit floss das Leben aus mir heraus. Und nun ist es gänzlich geschehen und es bleibt nur noch der Tod."

Der Tod konfrontiert dich mit der Wahrheit über dein Leben. Für viele Menschen ist die Wahrheit nahezu unerträglich.

Lebe deswegen so, dass du dich mit dem Sterben auseinandersetzt und dich darauf vorbereitest! Die Lektionen aus den vorangegangenen Kapiteln können dir dabei helfen, dein Leben so auszurichten, dass du ein wahrhaft erfülltes und gesegnetes Leben führen kannst, wobei der Tod, wie schmerzhaft er letztlich auch ist, sich als ein würdiges Ende und als einen glanzvollen Abschied eines fruchtbaren Lebens erweisen wird.

Dein Tod betrifft nicht nur dich

Es ist nicht nur wichtig, dass du dich selbst mit deinem Tod auseinandersetzt und dich gut darauf vorbereitest. Du solltest auch alles dir Mögliche tun, um deiner Umgebung zu helfen, deinen Tod zu verarbeiten. Und damit meinen wir nicht nur den finanziellen oder versicherungstechnischen Aspekt – auch wenn dies wichtige Aspekte sind, um deinen Lieben nicht noch schwerere Lasten aufzubürden.

Mein (Eugène) Vater hat dies auf eine besondere Weise getan. Er ist an Darmkrebs gestorben und wohnte die letzten zehn Jahre seines Lebens in Berlin. Nachdem die Krankheit diagnostiziert war, wurde er operiert und anschließend bestrahlt. Zur damaligen Zeit wurde ihm mittels einer Sonde sechzehn Stunden am Tag Nahrung zugeführt. Dies schränkte seine Mobilität erheblich ein und fesselte ihn noch mehr ans Haus. Zur gleichen Zeit wurde bei seiner Frau ebenfalls Krebs festgestellt (nach dem Tod meiner Mutter hatte er noch einmal geheiratet). Irgendwann begaben sie sich schließlich gemeinsam für eine Bestrahlungstherapie ins Krankenhaus. Aber die Behandlung schlug nicht an. Also bereiteten wir uns auf seinen Tod vor.

Jede Woche war ich deshalb für ein paar Tage in Berlin. Wir sprachen über sehr ernste und intime Dinge und bereiteten irgendwann gemeinsam den Trauergottesdienst vor, den ich halten sollte. Was mir dabei auffiel war, dass er nicht nur mit seinem eigenen Sterben beschäftigt war, sondern alles ihm Mögliche tat, um uns zu helfen, sein Ableben zu verarbeiten. Wir konnten viele Dinge miteinander besprechen und ich stellte ihm noch viele Fragen – alles, was ich immer schon einmal wissen wollte. Wir verbrachten unsagbar berührende Stunden miteinander.

Zwei Wochen ehe er starb, saßen wir gemeinsam auf dem Balkon seines Appartements. Wir genossen die Frühjahrssonne, als er plötzlich sagte: „Was ist das Leben doch gut, wenn man von Menschen umgeben ist, die man liebt und die einen lieben!"

Den Tag vor seinem Tod brachte ich ihn noch zu Bett. Er zeigte auf seinen Koffer und sagte: „Ich gehe nach Hause." Ich verstand ihn nicht und antwortete: „Ja, wenn du gestorben bist, nehme ich dich mit nach Hause und begrabe dich in Harderwijk." Aber er sagte: „Ich gehe nach Hause."

Am folgenden Tag war es soweit: Er starb an meinem einundzwanzigsten Hochzeitstag. Wie ein kranker Vogel lag er im Bett, umgeben von den Menschen, die ihm in den vergangenen Jahren so viel Liebe und Wärme geschenkt hatten. Sein Blick war auf einen bestimmten Punkt an der Mauer gerichtet und dann, plötzlich, war er nicht mehr da. Sein Geist war in aller Ruhe zu seinem Herrn und Heiland gegangen. Während des Begräbnisses durfte ich seine Lieblingsbibelstelle vorlesen:

„Doch ich habe mit vollem Einsatz gekämpft; jetzt ist das Ziel erreicht, und ich bin im Glauben treu geblieben." 2. Timotheus 4,7

Ich erinnere mich oft an diese Zeit, wenn ich über die letzte Lebensphase des Adlers nachdenke. Mein Vater starb mit dem Blick gen Himmel, seinen Fokus auf Gott gerichtet. Er lebte wie ein Adler. Er starb wie ein Adler. Mein Wunsch ist, wenn ich an der Reihe bin, auf dieselbe Weise meinen Herrn und Heiland ehren zu dürfen.

Begegne dem Adler

Wenn wir den Fluss überquert und das gegenüberliegende Ufer erreicht haben, erwartet uns die Herrlichkeit Gottes. Johannes berichtet von der blendenden, unvergleichlichen, Ehrfurcht erweckenden Herrlichkeit des Himmels. In Offenbarung Kapitel 4 und 5 fehlen ihm die Worte, um zu beschreiben, was er durch *die geöffnete Tür* des Himmels sehen durfte. Eines der Wesen, das er da mittendrin und rundum vom Thron Gottes sichtet, ist der Adler. Ein fliegender Adler.

Dort wo das Herz der göttlichen Dreifaltigkeit wohnt, wo das Zentrum des Alls ist, worauf schließlich alles hinausläuft, wird das Wesen von Gottes Geist mit vier Tieren beschrieben. Eins von ihnen ist der fliegende Adler. – Ebenso ist es beschrieben in der Vision Hesekiels, als er Gott in seiner Herrlichkeit sieht:

„Jedes sah anders aus: Vorne war das Gesicht eines Menschen, rechts das eines Löwen, links das eines Stieres und hinten das eines Adlers."
Hesekiel 1,10

Der Geist Gottes – der Sehende, der Forschende, der Pfeilschnelle, der Mächtige – wird immer wieder als das Gesicht eines Adlers gezeigt. Die Bibel sagt im ersten Kapitel von 1. Mose, dass Gott allerlei geflügeltes Getier *nach seiner Art* erschuf. Es liegt Weisheit und Offenbarung in der Vielfalt der Schöpfung. Wurde der Adler von Gott erschaffen, um etwas von seinem göttlichen Wesen zu enthüllen? Wir glauben ja! Denn den Adler als Vogel kennenzulernen und als Christ wie ein Adler zu leben, wird in dir bewirken, dass du immer mehr von Gottes Wesen in dir zum Ausdruck kommen lassen wirst. Sei darin gesegnet, von deinem Anfang bis zu deinem Ende!

DER LETZTE FLÜGELSCHLAG

Leider sterben nicht alle Adler eines natürlichen Todes. In manchen Staaten Nordamerikas ist die Todesursache Nummer eins, dass sie von Autos angefahren werden. Auch kommen viele Adler durch Stromleitungen ums Leben. Kleinere Vögel können mühelos auf einer Stromleitung Platz nehmen und wieder davonfliegen, aber der Adler ist so groß, dass er, wenn er wegfliegt, das Kabel manchmal so weit wegstößt, dass es ein anderes Kabel berührt mit den entsprechenden Folgen. Auch sterben noch regelmäßig Adler, weil sie von Jägern abgeschossen werden. Manche Adler krepieren auch, weil sie Fleischstücke eines erschossenen Rehs, das vergessen wurde einzusammeln, essen und dabei Schrotkugeln verschlucken. Diese werden nicht verdaut und können die inneren Organe des Greifs ernsthaft schädigen, sodass der Adler qualvoll verendet.

Danksagung

Unser Dank gilt den Menschen, die zu diesem Buch beigetragen haben:
Zuallererst danken wir recht herzlich Herrn Professor Dr. H. G. L. Pees. Vielen Dank für Ihre Erläuterung zu einem der wichtigsten Adlertexte der Bibel – 5. Mose 32, 11.

Des Weiteren gilt unser Dank Dr. Mark van Huuren, Hanna Cnossen und Marije van Ommen-Beverdam fürs Mitlesen und das aufbauende Feedback!

Auch möchten wir Jan Nap danken, einem erfahrenen Vogelkenner, für sein Wissen, das er mit uns geteilt hat.

Ruth und Ineke, unseren wundervollen Frauen! Danke für eure Freundschaft, Liebe, Unterstützung und für das Mutmachen, dieses Buch Wirklichkeit werden zu lassen. Ihr seid Gold wert!

Quellenverzeichnis

Kapitel 1: Geboren um zu fliegen
S. 18: Carly Fiorina: Mit harten Bandagen. Die Biografie, 2006.
S. 20: Thomas Merton: Louteringsberg, 2001.
S. 22: Dante Alighieri: Die göttliche Komödie, 2000.

Kapitel 2: Sich ausrichten auf das, was oben ist
S. 25: Ken Blanchard; zitiert aus einer Rundmail von J. John am 11. August 2008.
S. 29: Dante Alighieri: Die göttliche Komödie, 2000.
S. 30: Amma Synklettia; zitiert aus Henry Nouwen und Yushi Nomura: Weisheit aus der Wüste, 2002.

Kapitel 3: Die Berufung leben
S. 40: Augustinus: Die Bekenntnisse des heiligen Augustinus, 2011.
S. 42: Abba Matoes; zitiert aus Henry Nouwen und Yushi Nomura: Weisheit aus der Wüste, 2002.
S. 43: Thomas Merton: Louteringsberg, 2001.
S. 46: Erik Hazelhoff Roelfzema, Soldat van Oranje, 1987.
S. 50: Kierkegaard: Purity of heart is to will one thing, 1956.

Kapitel 4: Kompetenz
S. 62: Andy Stanley: The Next Generation Leader, 2003.
S. 64: Marcus Buckingham und Donald O. Clifton: Endecken Sie Ihre Stärken jetzt!, 2002.

Kapitel 5: Charakter
S. 73: M. Scott Peck: Der wunderbare Weg, 1987.
S. 73: Paulo Coelho: Der Alchemist, 2008.
S. 83: John Bunyan: Die Pilgerreise, 1983.

Kapitel 6: Balance
S. 93: Wil Derkse: Een levensregel voor beginners, 2003.
S. 96: J. B. Phillips: Your God is too small, 1952.
S. 97: Henri Nouwen: Jesus, 2003.
S. 101: Henri Nouwen: Jesus, 2003.

Kapitel 7: Der Start
S. 114: A. B. Bruce: The trainig of the twelve, 1971.
S. 119: John Ortberg: Das Abenteuer, nach dem du dich sehnst, 2002.
S. 120: Søren Kierkegaard: Een passieloze tijd, 2006.
S. 120: Søren Kierkegaard: Een passieloze tijd, 2006.
S. 121: Søren Kierkegaard: Een passieloze tijd, 2006.
S. 121: G. K. Chesterton: Orthodoxie, 1958.
S. 122: Charles Dickens: Eine Geschichte aus zwei Städten, 1975.

Kapitel 8: Im Aufwind schweben
S. 128: H. D. Thoreau; zitiert aus Erik Hazelhoff Roelfzema, Soldat van Oranje, 1987.

Kapitel 9: Innere Erneuerung
S. 145: Annie Dillard; zitiert aus Gregg Levoy, Callings, 1997.
S. 146: John Ortberg: Das Abenteuer, nach dem du dich sehnst, 2002.
S. 147: Dallas Willard: Das Geheimnis geistlichen Wachstums, 1988.
S. 147: Abba Jozef; zitiert aus Henri Nouwen und Yushi Nomura: Weisheit aus der Wüste, 2003.

Kapitel 10: Erfahrung zählt
S. 169: Stephen R. Covey: Die 7 Wege zur Effektivität: Prinzipien für persönlichen und beruflichen Erfolg, 1990.

Kapitel 12: Gut sterben
S. 194: Floris Bakels: Nacht und Nebel, 1977.
S. 197: John Bunyan: Die Pilgerreise, 1983.
S. 198: Leo Tolstoi: Great short works of Leo Tolstoy, 1967.

MIX
Papier aus verantwor-
tungsvollen Quellen
FSC® C014496

Verlagsgruppe Random House FSC®N001967
Das für dieses Buch verwendete FSC®-zertifizierte Papier
Enso Classic 95 liefert Stora Enso, Finnland.

Die niederländische Originalausgabe erschien im Verlag Uitgeverij Kok,
Utrecht unter dem Titel: „Geboren om te vliegen – geestelijke lesse uit
het leven van de arend"
© 2009 Uitgeverij Voorhoeve, Postbus 132884, 3507 LG Utrecht©
der deutschen Ausgabe 2015 by Gerth Medien GmbH, Asslar,
in der Verlagsgruppe Random House GmbH, München

Die Bibelzitate wurden, wenn nicht anders angegeben,
folgender Übersetzung entnommen: Hoffnung für alle®,
Copyright © 1983, 1996, 2002 by Biblica Inc.®
Verwendet mit freundlicher Genehmigung von 'fontis – Brunnen Basel.
Alle weiteren Rechte weltweit vorbehalten.
Weiterhin wurde folgende Bibelübersetzung verwendet:
Lutherbibel, revidierter Text 1984, durchgesehene Ausgabe,
© 1999 Deutsche Bibelgesellschaft, Stuttgart. (LÜ)

1. Auflage 2015
Bestell-Nr. 817024
ISBN 978-3-95734-024-5

Umschlaggestaltung: Daniel Eschner
Umschlagillustration: shutterstock
Fotos Innenteil: shutterstock
Übersetzung: Karl Hilse
Lektorat: Stefan Rüth
Satz: Greiner & Reichel GmbH, Köln
Druck und Verarbeitung: GGP Media GmbH, Pößneck
Printed in Germany